NZZ Libro

D1698364

Die Entwicklung
der Metropolregion
Nordschweiz

Raumentwicklung
im Verborgenen

Mit einem Vorwort des Balzan-
Preisträgers Sir Peter Hall

Alain Thierstein
Christian Kruse
Lars Glanzmann
Simone Gabi
Nathalie Grillon

Verlag Neue Zürcher Zeitung

Bibliografische Information der Deutschen Bibliothek
Die Deutsche Bibliothek verzeichnet diese Publikation in der Deutschen Nationalbibliografie;
detaillierte bibliografische Daten sind im Internet über http://dnb.ddb.de abrufbar.

ISBN 10: 3-03823-211-4
ISBN 13: 978-3-03823-211-7
www.nzz-libro.ch

NZZ Libro ist ein Imprint der Neuen Zürcher Zeitung.

Inhalt

Abbildungsverzeichnis

Tabellen

Abkürzungsverzeichnis

APS   Advanced Producer Services
ARE   Bundesamt für Raumentwicklung
ESPON   European Spatial Planning Observation Network
ETH   Eidgenössische Technische Hochschule
EU   Europäische Union
EUREK   Europäisches Raumentwicklungskonzept
FOCJ   Functional Overlapping Competing Jurisdictions
INTERREG   Integration der Region im Europäischen Raum
KdK   Konferenz der Kantonsregierungen
KKVD   Konferenz der Kantonalen Volkswirtschaftsdirektoren
NFA   Neugestaltung des Finanzausgleichs
NRP   Neue Regionalpolitik
Seco   Staatssekretariat für Wirtschaft
TAK   Tripartite Agglomerationskonferenz

Dank

Das vorliegende Buch ist im Kontext des Schweizer Beitrags für das Projekt INTERREG III B «POLYNET- Sustainable Management of European Polycentric Mega-City Regions» entstanden. Wir danken den folgenden Personen und Institutionen, die das Forschungsprojekt inhaltlich begleitet und finanziert haben: Bundesamt für Raumentwicklung (Martin Vinzens), Abteilung für Raumentwicklung des Departements Bau, Verkehr und Umwelt des Kantons Aargau (Paul Pfister), Amt für Raumordnung und Vermessung des Kantons Zürich (Dr. Christian Gabathuler), Amt für Wirtschaft und Arbeit des Kantons Zürich (Dr. Stephan Kux und Thierry Delley) sowie die Stadtentwicklung Zürich (Brigit Wehrli-Schindler).

Unser Dank gilt allen Personen aus Politik, Verwaltung und Wirtschaft, die an unseren Workshops in der Schweiz teilgenommen und damit die Arbeit mit ihren Kommentaren und Anregungen bereichert haben.

An den Forschungsarbeiten an der ETH Zürich waren neben den Autoren auch die studentischen Assistierenden Nina Aemisegger, Marco Caprarese, Marc Alexander Glitz, Christian Hoechli und Fabian Staubli beteiligt, denen wir herzlich für ihr Engagement danken.

Ferner danken wir Manfred Willuweit für das grafische Konzept des Buches. Für die Umschlaggestaltung danken wir Beatrix Bencseky. Katrin Ritz danken wir für ihren Einsatz und die Offenheit bei der fotografischen Interpretation des Themas «Raumentwicklung im Verborgenen».

Für den anregenden und lehrreichen Austausch während der gesamten Projektdauer danken wir den Forschungsteams in Brüssel, Paris, Amsterdam, Heidelberg, Dortmund, Dublin, die europaweit an dem Projekt INTERREG III B Polynet beteiligt waren, insbesondere den Lead-Partnern in London, Sir Peter Hall, Kathy Pain und Teresa Nunes.

Foreword from the Balzan Award winner Sir Peter Hall
Vorwort des Balzan-Preisträgers Sir Peter Hall

The INTERREG III B research project «Polynet – Sustainable Management of European Polycentric Mega-City Regions» has been an ambitious academic undertaking. Financed by a grant of 2.4 million from the European Union and match funding bodies in member countries, it has brought together academic and institutional researchers in eight European centres in a programme of rigorous scientific research into a new urban phenomenon: the polycentric Mega-City-Region. First recognised by the geographer Jean Gottmann over forty years ago in his pioneering work on the north-eastern seaboard of the United States, during the 1990s it has been the focus of commentators on Asian urbanisation, above all the Pearl River and Yangtze River deltas of China. Embracing up to fifty or more separate urban agglomerations, highly networked in a complex process of production of goods and services, it is coming to be recognised as one of the key factors in China's emergence as the new workshop of the world.

The starting hypothesis of Polynet was that the phenomenon, and its economic significance, are equally momentous for Europe – but here, these super-urban-regions are especially engaged not in the manufacture of goods but in the generation of advanced producer services. Working in parallel along precisely defined lines, the eight teams sought to understand how information flows from person to person and from firm to firm within the knowledge economy, and how this is helping to shape urban change. In particular, they focused on a key question: since demonstrably these regions have a polycentric urban structure and appear to be becoming more polycentric through the dispersal of people and employment from large core cities, how does this affect the geography of information flows?

Seven of these Mega-City-Regions – South East England, the Dutch Randstad, Central Belgium, Rhine-Ruhr, Rhine-Main, the Paris Region and Greater Dublin – belong within the European Union and were financed in their research through the EU INTERREG III B programme. We were very pleased to hear from the team at ETH Zürich that they had independently secured Swiss funding to allow them to join in our enterprise. From the start they played a major role, contributing powerfully to the evolving design of the research – particularly in the web-based study of travel and information exchanges within sample firms, which played a central role.

We are further delighted that as well as contributing centrally to the comparative volume summarising the main research results (Hall and Pain 2006) they have secured publication of their own valuable research results, which well merit separate publication. I hope that it will win widespread readership not only in Switzerland, where its conclusions will excite debate and even controversy, but more widely among urban scholars and policymakers generally.

Sir Peter Hall, Bartlett Professor of Planning and Regeneration, University College London, Director Polynet

1

Die Schweiz und die Dimension einer Europäischen Metropolregion

Europas grösstes Wertschöpfungspotenzial konzentriert sich in den Metropolregionen im europäischen Pentagon zwischen den Eckpunkten London, Paris, Mailand, München und Hamburg. Die Position der Schweiz in Europa wird durch die Dynamik dieses Kräftefeldes mitbestimmt. Die zentralen Wirtschaftsräume in der Schweiz sind Teil dieser Entwicklung.

Die Wissensökonomie mit den so genannten wissensintensiven Dienstleistungen wird als zentraler Treiber für die Entwicklung dieser neuen Gravitationsräume der Wirtschaftskraft verantwortlich gemacht. Unter wissensintensiven Dienstleistern werden Unternehmen der Finanz- und Dienstleistungsbranche, aber auch der High-Tech- und Life-Sciences-Industrien verstanden. Wo und warum diese Unternehmen welche Standorte für ihre wissensintensiven Dienstleistungen und Produktionen wählen – also ihre räumliche Organisation –, ist ein bedeutendes Merkmal dieses Wirtschaftssektors. Es zeichnet sich dabei ab, dass sowohl national als auch international operierende Unternehmen für ihre Leistungen mehrere Standorte aufbauen. Damit gelingt es ihnen – sowohl innerbetrieblich als auch ausserbetrieblich –, die für sie wissensrelevanten Bestandteile ihrer Wertschöpfungskette über unterschiedliche Standorte hinweg möglichst vorteilhaft zu kombinieren. Sie beziehen die notwendigen Kompetenzen nicht notwendigerweise vor Ort, sondern an denjenigen Standorten, an denen die gesuchten Qualitäten bedarfsgerecht vorhanden sind. Dadurch ist eine räumliche Arbeitsteilung zwischen jenen Städten, Agglomerationen und Wirtschaftsräumen entstanden, in denen wissensintensive Unternehmen ihren Standort haben.

Im Europäischen Raumentwicklungskonzept (EUREK), mit dem die Europäische Union (EU) im Jahre 1999 ihre Sichtweisen zu der territorialen Entwicklung dokumentiert hat, werden all jene Kompetenzräume mit der höchsten Konzentration wissensintensiver Dienstleister in einem System von Metropolregionen zusammengefügt. Damit bietet sich zum einen an, die räumliche Arbeitsteilung von wissensintensiven Unternehmen inner-halb dieser Metropolregionen zu untersuchen. Zum anderen können diese wissensbezogenen Austauschbeziehungen der Unternehmen zwischen den Europäischen Metropolregionen analysiert werden. Somit spannt sich ein europäischer Wirtschaftsraum auf, dessen Entwicklung sowohl an das Aus-mass und die Qualität dieser Vernetzungen als auch an den Wettbewerb dieser metropolitanen Standorte geknüpft ist.

Die Vielzahl der unternehmerischen Wertschöpfungsnetze ergibt übereinander gelegt und zusammengefügt ein spinnennetzartiges Gewe-be, das Europa und die Welt aufspannt. Doch dieser funktionale Raum steht meist nur noch schwer mit den normativen, von der Politik formulierten Zielen der Raumorganisation in Einklang. Das Aussergewöhnliche hierbei ist, dass parallel zum bestehenden national ausgebildeten und häufig klein-teilig aufgebauten Raumsystem eine neue, nicht institutionalisierte und weit ausgreifende Massstabsebene hinzukommt, welche die heutigen ter-ritorialen Gebietskörperschaften überlagert. Kapitel 2 dieses Buches zeigt, wie im Europäischen Raumentwicklungskonzept (EUREK) die Europäische Metropolregion als normatives Prinzip und Bestandteil der räumlichen Ent-wicklungsstrategie definiert wurde.

Doch wie sind diese Prozesse in der Schweiz spürbar oder sogar sichtbar? Welche Auswirkungen haben sie auf die räumliche Dynamik in der Schweiz? Ist die wirtschaftsräumliche Entwicklung der Schweiz Teil einer übergeordneten europäischen oder gar internationalen Entwicklung, die zu vergleichbaren Strukturen und funktional-räumlichen Wechselwirkungen mit europäischen Nachbarregionen führt?

1.1   Raumentwicklung im Verborgenen

Die Schweiz verändert sich unbemerkt. Die wachsende Bedeutung von wis-sensintensiven Tätigkeiten in der Wirtschaftswelt verändert die Raumstruk-tur langsam und unmerklich. Die vorliegende Arbeit untersucht die wirt-schaftsräumliche Entwicklung der Schweiz auf verschiedenen räumlichen Massstabsebenen. Bedeutende raumrelevante Entwicklungen, die zwischen schweizerischen Unternehmensstandorten in den Städten und Agglome-rationen stattfinden, werden im Kontext übergeordneter europäischer Ent-wicklungen betrachtet. Dabei wird einerseits die Europäische Metropolre-gion Nordschweiz identifiziert, die den funktionalen Raum zwischen den Achsen St. Gallen, Zürich, Aarau und Basel sowie zwischen Schaffhausen, Winterthur, Zürich, Zug und Luzern beschreibt. Andererseits bildet diese Massstabsebene einen funktionalen Wirtschaftsraum, der im europäischen Netz der Metropolregionen integriert ist. Vor diesem Hintergrund legt die vorliegende Arbeit den Finger auf einen wunden Punkt. Die Untersuchung konstatiert eine Lücke in der Wahrnehmung der raumrelevanten politischen Institutionen in der Schweiz. Dieses Defizit verzögert massstabsgerechte Handlungsstrategien, um sich mit diesen im europäischen Kontext einge-betteten räumlichen Veränderungsprozessen auseinander zu setzen.

Aus der Sicht der vorliegenden Arbeit entsprechen die Entwicklungsprozesse innerhalb der zentralen Wirtschaftsräume der Schweiz nicht den politisch gewollten Strategien der Raumplanung, Raumentwicklungs- und Wirtschaftsförderungspolitik. Zu stark orientiert sich die Schweiz an der Vorstellung nationaler und räumlicher Kohäsion einer territorialen Solidargemeinschaft. Wirtschaftskonzentrationen, die treibenden Kräfte urbaner Ökonomien sowie die Führungsrolle einiger weniger Wirtschaftsräume werden kaum zur Kenntnis genommen und unzureichend anerkannt.

Verändert sich die Schweiz tatsächlich unbemerkt? Ist es im politischen, planerischen und verwaltungsbezogenen Alltagsgeschäft von Bund, Kantonen und Gemeinden überhaupt möglich, die Komplexität räumlicher Entwicklungen wahrzunehmen und die Erkenntnisse operational in Raumplanung und Standortentwicklung zu integrieren? Die zentrale Hypothese des vorliegenden Buches spricht daher von einer «Raumentwicklung im Verborgenen». Was verbirgt sich dahinter?

Auf der Oberfläche der alltäglichen Wahrnehmung und des politischen Diskurses steht beispielsweise die auch mit der Volkszählung 2000 erneut bestätigte Zunahme des Pendlerverhaltens der Bevölkerung. Die Menschen reisen unwesentlich länger, dafür über grössere Distanzen. Folge ist die ungebrochene Periurbanisierung der Schweiz. Ermöglicht wird dies im Wesentlichen durch die weiter verstärkte Transportinfrastruktur sowie durch Gewöhnung an den Pendleralltag.

Dieser sicht- und nachweisbaren Expansion der Siedlungs- und Verkehrsflächen steht eine «verborgene» Veränderung der Raumstruktur entgegen. Wir erleben die Reorganisation der funktional-räumlichen Arbeitsteilung, die einerseits immer stärker durch die Möglichkeiten moderner Informations- und Kommunikationstechnologien (IuK-Technologien) geprägt wird. Andererseits sind es die Anforderungen der spürbar werdenden wissensintensiven Wirtschaftstätigkeiten, welche die Unternehmensstrategien und damit auch die Standortwahl mitbestimmen. Zunehmend ist es die Suche von wissensintensiven Unternehmen nach optimalen, das heisst marktorientierten Standorten und Netzwerken für ihre Wertschöpfungs-Funktionen, die als Auslöser und Treiber der räumlichen Entwicklung wirken. Einzelne von den Medien beachtete Standortentscheidungen wie jene von Google in Zürich bleiben der Öffentlichkeit zwar nicht verborgen. Aber die raumbildende Wirkung der Summe zahlreicher raumrelevanter, unternehmerischer Entscheidungen und der damit einhergehenden Infrastrukturinvestitionen übersteigt das Wahrnehmungsvermögen von Beobachtern und politisch Verantwortlichen gleichermassen. Die politische Landschaft in der Schweiz steht erst am Anfang, um sich dieser Prozesse anzunehmen.

«Raumentwicklung im Verborgenen» ist daher eine Metapher. Sie steht für die übergeordneten unternehmerischen Entscheidungen, Handlungen und sozioökonomischen Entwicklungsprozesse, welche die föderale Raumstruktur durch eine funktional-räumliche Logik unterlaufen und zusehends ersetzen.

Das INTERREG III B-Forschungsprojekt «Polynet»

Das vorliegende Buch basiert auf der Forschungsarbeit des zweijährigen internationalen Kooperationsprojektes «Polynet - Sustainable Management of European Polycentric Mega-City Regions». Es wurde im Rahmen der transnationalen Zusammenarbeit der Gemeinschaftsinitiative INTERREG III B der EU gefördert. Der Programmraum Nordwest-Europa (NWE) bildet das grösste der 13 Programme. NWE umfasst fast die Hälfte der EU-Bevölkerung und einen Grossteil der Schweiz. Übergeordnetes Ziel von INTERREG III B NWE ist es, eine kohärente, ausgeglichene und nachhaltige räumliche Entwicklung im Gebiet der EU zu ermöglichen.

Was ist Polynet? Wer ist dabei? Warum braucht es Polynet, und warum ist es sinnvoll, dass die Schweiz dabei ist? Das Forschungsvorhaben wurde bewusst als strategisch ausgerichtetes Projekt gefördert und orientiert sich an zwei Unterzielen des INTERREG III B-Programms: ein attraktives und kohärentes System von Metropolen, Städten und Regionen sowie eine verbesserte Erreichbarkeit aller Regionen des NWE-Gebietes. Im Zentrum des internationalen Projektes stand dabei die wachsende Bedeutung der wissensintensiven Dienstleistungen, die sich immer mehr als Treiber der Raumentwicklung erweisen. «Polynet» zeigt die räumlichen Konsequenzen dieser Entwicklung auf und belegt, dass sich die Funktionen und Hierarchien des schweizerischen Städtesystems verändern. Dabei wird im schweizerischen Teil des Forschungsprojektes die Entstehung einer funktional vernetzten Metropolregion Nordschweiz gezeigt, die etwa die Hälfte der Schweizer Bevölkerung umfasst. «Polynet» schlägt eine Standortpolitik vor, die sich von festen Massstabsebenen löst und somit auch die Perspektive einer (nicht territorial festgelegten) Metropolregion Nordschweiz in Betracht zieht.

An Polynet beteiligen sich Forschungsinstitutionen aus weiteren sieben Metropolregionen in sechs Staaten, die analog zum Schweizer Forschungsteam ihre eigene Region untersuchen: London/South-East-England, Paris/Île-de-France, Amsterdam/Randstad Holland, Bruxelles Capitale, Rhein-Main, Rhein-Ruhr und Dublin.

Polynet baut auf bisherigen Erkenntnissen der Forschung auf den Gebieten Raumentwicklung und Städtesysteme auf. Grundlegend sind dabei Thesen der «Globalization and World Cities Study Group» (GaWC) (Beaverstock et al. 1999) sowie das raumordnungspolitische Konzept der Europäischen Metropolregion (Blotevogel 2001).

1.2   Dimensionen einer Raumentwicklung im Verborgenen

Ein Schwerpunkt des vorliegenden Buches liegt auf der Raumwirksamkeit der Aktivitäten von national und international handelnden Unternehmen – den so genannten wissensintensiven Dienstleistern. Sie sind die zentralen Treiber der Wertschöpfung sowie der räumlichen Arbeitsteilung und zeigen Trends der veränderten Ansprüche an die Raumnutzung an. Dabei entsteht eine neue Perspektive innerhalb des Diskurses der Raumentwicklung der Schweiz. Hier kommt den metropolitanen Grossräumen ein hoher Stellen-

Dimensionen	Beschreibung
Identifikation von polyzentrischen Europäischen Metropolregionen in der Schweiz	Die Wettbewerbfähigkeit nationaler Ökonomien in einem europäischen Kontext führt über die Wahrnehmung und Anerkennung der Existenz von Metropolregionen in der Schweiz. Hier finden sich funktionale Zusammenhänge und die Konzentration des Wertschöpfungspotenzials.
Treibende Kräfte wissensintensiver Dienstleistungsunternehmen	Wissensintensive Dienstleister werden als zentrale Treiber einer Raumentwicklung im Verborgenen und der funktionalräumlichen Organisation identifiziert. Unternehmen der Finanz- und Dienstleistungsbranche sowie der High-Tech und Life Science Industrien organisieren ihre Tätigkeiten in einer räumlichen Arbeitsteilung zwischen Kompetenzzentren Europäischer Metropolregionen.
Brüche zwischen funktionaler und territorialer Logik der räumlichen Entwicklung	Die Handlungslogik der wissensintensiven Dienstleistungsunternehmen folgt den Funktionen der Optimierung der Wertschöpfung. Dieser Entwicklung steht die normative, territoriale Logik der europäischen und schweizerischen Raumentwicklungspolitik entgegen.
Perspektivenwechsel zwischen Massstabsebenen	Die räumlichen Prozesse spielen sich auf einer internationalen, nationalen, metropolitanen, regionalen und lokalen Ebene ab. Erst die gleichzeitige Betrachtung unterschiedlicher Massstabsebenen verschafft ein Verständnis für die Dynamik und Prozesse räumlicher Entwicklung.
Governance in Metropolregionen	Elemente eines Modells für die Metropolitan Governance sind: – Strategien für eine sektorübergreifende Raumentwicklungspolitik. – Organisationsstrukturen für den Handlungsraum der Metropolregion. – Eine Kultur und Bewusstseinsbildung über grossräumige Zusammenhänge

wert zu. Sie zeichnen sich aus durch hohe Konzentration von Wertschöpfung und als Drehscheibe für die Einbindung in die europäische Dynamik der Wissensökonomie.

Die Leistung dieses Buchs liegt darin, dass es unterschiedliche funktionale und raumstrukturelle Phänomene an die Oberfläche bringt, deren Gesamtsicht erst die Wahrnehmung der Raumentwicklung im Verborgenen ermöglicht. Die Untersuchungsergebnisse und ihre Diskussion machen die zwar spürbaren, aber kaum politisch diskutierten Entwicklungsprozesse in der Schweiz sichtbar.

Das Buch ist auf der Basis dieser Dimensionen einer «Raumentwicklung im Verborgenen» aufgebaut (Tab. 1). Zuerst wird das Konzept der Europäischen Metropolregionen im Kontext der europäischen Raumentwicklungspolitik diskutiert. Darauf aufbauend werden innerhalb der Schweiz zwei funktionale polyzentrische Metropolregionen europäischen Massstabs identifiziert: der Arc Lémanique und die Europäische Metropolregion Nordschweiz. Die Metropolregion Arc Lémanique erscheint bereits in früheren Arbeiten beispielsweise bei Bassand et al. (2003) oder beim Bundesamt für Raumentwicklung (2004) als Metropolitanregion Genève-Lausanne.

Tab. 1: Dimensionen der Raumentwicklung im Verborgenen Quelle: Eigene Zusammenstellung

Die Analyse der Europäischen Metropolregion Nordschweiz in dieser Arbeit konzentriert sich dabei auf die Rolle und die Vernetzungen von Standorten und Strategien wissensintensiver Dienstleistungsfirmen. Gezeigt wird, wie das räumliche Verhalten wissensintensiver Dienstleister und die Rolle wissensorientierter urbaner Wertschöpfungssysteme als zentrale Treiber der Raumentwicklung im Verborgenen wirken. Diese Erkenntnisse werden in das räumliche Bild der Europäischen Metropolregion Nordschweiz eingebettet und damit die Beeinflussung räumlicher Entwicklungen deutlich gemacht.

Grundlegend für dieses Verständnis der Raumdynamik wiederum sind die Brüche zwischen funktionaler und territorialer Logik der räumlichen Entwicklung. Immer stärker wird eine Verwerfung spürbar zwischen den normativen Vorstellungen der aktuellen Raumentwicklungspolitik in der Schweiz und der funktionalen Logik der wissensintensiven Dienstleistungsbranchen, die durch ihr Handeln den Raum restrukturieren.

Zusätzlich erschwerend für das Begreifen kommt hinzu, dass wir simultan einem Phänomen der Raumdynamik auf unterschiedlichen Massstabsebenen begegnen, das zudem in gegenläufige Richtungen zeigen kann: Was auf dem Agglomerationsmassstab nach Expansion ausschaut, kann in der Metropolregion sich als Re-Konzentration präsentieren. Die schweizerische Entwicklung kann daher nicht isoliert, sondern nur im funktionalen Zusammenhang der internationalen Herausbildung von Metropolregionen begriffen werden. Dies erfordert sowohl für Analysten und Beobachter als auch für Planer und Politiker, dass sie laufend die Perspektive zwischen den Ebenen von Nationalstaat, Metropolregionen, Kantonen, Teilregionen, Kommunen und sogar Stadtteilen wechseln müssen.

Die vielschichtigen Erkenntnisse zur Raumwirksamkeit wissensintensiver Dienstleistungsunternehmen spielen letztlich den Ball auf die Ebene der Antworten der Politik auf europäischem wie auf nationalem Parkett. Interessante Ansätze der Steuerung räumlicher Prozesse liefert das Stichwort der «Metropolitan Governance». Dazu wird ein handlungsorientiertes Konzept vorgestellt, das aus drei zusammenwirkenden Handlungsdimensionen besteht: Strategie, Strukturen und Kultur der Steuerung von raumwirksamen Politikfeldern. Die Dimension der Governance-Strategie bündelt querschnittsorientiert raumwirksame Politikfelder zu einem abgestimmten Strategiepaket. Die Dimension der Governance-Strukturen wird vor dem Hintergrund der aktuellen Debatte über die Leistungsfähigkeit des kleinteiligen Föderalismus beleuchtet. Dabei wird die Frage nach dem passenden Gefäss einer grossregionalen Organisationsform für die Nordschweiz ergebnisoffen diskutiert und an den nötigen Funktionsweisen orientiert. Für die Dimension der Governance-Kultur werden Hinweise gegeben, die bei der Wahrnehmung und der Bewusstseinsbildung über räumliche Zusammenhänge ansetzen.

Das vorliegende Buch diskutiert in Kapitel 2 zuerst polyzentrische Europäische Metropolregionen. Gezeigt wird die doppelte Lesart dieses Phänomens, die oszilliert zwischen normativer Strategie für die europäische

Raumentwicklung und funktionalem Konzept von vernetzten Wirtschafts-räumen. Dieses Kapitel definiert im Weiteren Polyzentralität, umschreibt Metropolregionen und arbeitet die Bedeutung und Rolle wissensintensiver Ökonomien heraus. Dadurch werden die Grundlagen für die empirische Analyse der Europäischen Metropolregion Nordschweiz sowie für den Dis-kurs um neue Politikstrategien zur Steuerung funktional-räumlicher Metro-polregionen gelegt.

Das Kapitel 3 zeigt auf, welche räumlichen Auswirkungen Standor-tentscheidungen von Firmen mit wissensintensiven Dienstleistungen nach sich ziehen können. Mit Hilfe von Karten und Daten werden die zum grossen Teil verborgenen räumlichen und funktionalen Strukturen, die durch diese Prozesse entstehen, an das Tageslicht gebracht und diskutiert.

In Kapitel 4 wird die aktuelle Stossrichtung der schweizerischen Raumentwicklungspolitik kritisch beleuchtet. Zentral für die Entwicklung zukünftiger Politik-Strategien ist dabei der Umstand, dass in der Schweiz die Bedeutung der Städte erst seit etwa zehn Jahren offiziell Eingang in die Raumentwicklungspolitik des Bundes findet. In einem weiteren Schritt wird ein Handlungsmodell für die Metropolitan Governance auf dem Massstab der Europäischen Metropolregion Nordschweiz entwickelt.

Das Buch schliesst in Kapitel 5 mit einem Überblick über die zentra-len Erkenntnisse, die Eingang in die Politik-Arena finden sollen: die Arbeit an der Wahrnehmung über die sich rasch ausbreitende Realität von Metropol-lregionen europäischen Zuschnitts; die Diskussion über die Konsequenzen für eine Raumentwicklungspolitik, die in der gesamten Schweiz Regionen unterschiedlicher Funktionen und Wirtschaftskraft akzeptiert und diffe-renziert unterstützt; die Brüche zwischen funktionaler Wettbewerbslogik und territorialer Logik der politisch gelenkten Gebietskörperschaften als Verpflichtung zu begreifen, für die Metropolregionen eine leistungsfähige Zukunft auszuhandeln.

2
Polyzentrische Metropolregionen zwischen Strategie und Konzept

Es sind Netzwerke einer Vielzahl von Akteurssystemen – beispielsweise Finanzmarkt, Verkehr, Kommunikation, Arbeit –, welche die Stellung von Wirtschafts- und Lebensräumen definieren und die Verbindungen zu anderen Metropolen und Metropolregionen herstellen. In dieser Arbeit werden die damit verbundenen wirtschaftlichen und alltagsweltlichen Strukturen als Ausdruck einer Raumentwicklung im Verborgenen beschrieben. Die Verborgenheit wird durch Manager beziehungsweise Arbeitnehmer und Bewohner personifizierbar. Die Unternehmen und Institutionen, in denen diese Menschen beschäftigt sind, machen sie funktional beschreibbar und als geografische Standorte sichtbar. Die Raumentwicklung im Verborgenen entsteht durch ein System sozioökonomischer Vernetzungen, die sich über administrative, räumliche Grenzen hinweg ausbreiten. Diese Vernetzungen folgen einer Logik, die sich an der räumlichen Ballung ökonomischer und politischer Kernkompetenzen orientieren. Was zunächst abstrakt klingt, findet seinen Ausdruck in der sicht- und erlebbaren geografischen Verteilung von Wirtschaftsstandorten. Von hier aus steuern Unternehmen ihre nationalen und internationalen Geschäftsstrategien. Dort finden sie auch für die Wettbewerbsfähigkeit wichtige räumliche, kulturelle und betriebliche Nähe zu anderen Unternehmen, Kunden, Zulieferern und wichtigem Mitarbeiterpotenzial.

Am deutlichsten können diese Entwicklungen in so genannten polyzentrischen Europäischen Metropolregionen beobachtet werden. Wieso ist dieser Raumtypus so wichtig, um die komplexen Dynamiken der räumlichen Entwicklung zu begreifen? Im Nachfolgenden werden die zentralen Aspekte des Konzeptes Europäischer Metropolregionen beschrieben. Ihre Strukturen und Funktionen werden dargestellt und der Ansatz auf die Schweiz am Beispiel der Europäischen Metropolregion Nordschweiz übertragen.

2.1   Konzentration wissensintensiver Dienstleistungen

Ein zentrales Element einer funktional-räumlichen Entwicklung ist in der Transformation zur Informations- und Wissensgesellschaft zu suchen. Wissensintensive Anteile der heutigen Wirtschafts- und Unternehmenstätigkeit gewinnen in diesem Zusammenhang stark an Bedeutung. Darunter versteht man die Aktivitäten der Finanz- und Dienstleistungsunternehmen, die High-Tech- und Life-Sciences-Produktion sowie die tertiären Bildungseinrichtungen. Räumliche Nähe zwischen den wissensintensiven Unternehmen sowie deren Zugang zu Einrichtungen der Wissensproduktion und des Wissenstransfers spielen eine zentrale Rolle fürs Verständnis der «Raumentwicklung im Verborgenen». Das bedeutet, dass ein deutlicher räumlicher Konzentrationsprozess wissensintensiver Dienstleister identifizierbar ist. Gut und hoch qualifizierte Arbeitskräfte finden sich tendenziell in der Nähe dieser Wissenszentren. Für die High-Tech-Branchen ist die räumliche Nähe zu derartigen Wissenszentren von zentraler Bedeutung. Die Standortwahl dieser Branche ist daher tendenziell auf städtische Räume ausgerichtet.

Ähnliches gilt in Teilen für die rückwärtigen Aktivitäten der wissensintensiven Finanzdienstleistungen, die sich ebenfalls im ersten Agglomerationsgürtel um die Kernstädte placiert haben. Wo allerdings implizites Wissen, Vertrauen, ständiger persönlicher Austausch sowie Kundenbeziehungen zentral für die Leistungserbringung sind, dort siedeln Wirtschaftsaktivitäten der wissensintensiven Ökonomien im Zentrum der Kernstädte. Dies trifft insbesondere auf die Finanzdienstleistungen zu. Doch eine Dienstleistung besteht ähnlich wie in der Güterproduktion aus einer Vielzahl von einzelnen Produktionsschritten.

Die Leistungserstellung ist ein komplexes System einer auf mehrere regionale und internationale Standorte verteilten Wertschöpfungskette. So organisieren die Unternehmen ihre Tätigkeiten in einem polyzentrischen, urbanen Wirtschaftsraum, um optimale marktorientierte Standorte und Netzwerke aufzubauen. Hierbei ist die Erkenntnis entscheidend, dass sämtliche arbeitsteilige Prozesse zur Produktion von Dienstleistungen oder Waren, ebenso wie die Produktion und der Transfer von Wissen, territorial gebunden sind. Sie haben markante Auswirkungen auf die Raumstruktur. Dies betrifft sowohl das unternehmerische Verhalten als auch das räumliche Verhalten von Arbeitnehmern und Bewohnern.

In diesem Zusammenhang ist die Erkenntnis interessant, dass diese Bewegung der Rekonzentration der Wirtschaftstätigkeiten durch die Aufschlüsselung der Pendlerbewegungen nach sozio-professionellen Merkmalen nachgezeichnet wird. Das heisst, dass die Wohnstandorte und die Arbeitswege nach den unterschiedlichen Berufsgruppen diesen funktional-räumlichen Entwicklungen folgen (Kapitel 3.2.3). Die Konzentration wissensintensiver Dienstleistungen bildet die Basis der Merkmale von polyzentrischen Metropolregionen.

2.2 Polyzentrische Europäische Metropolregionen

Polyzentrische Metropolregionen sind Verdichtungsräume von Städten und Agglomerationen sowie weniger verdichteten Zwischenräumen, die zusammen einen metropolitanen Wirtschafts- und Lebensraum bilden. Die einzelnen Teilräume wirken auf der Basis einer Funktionsteilung zusammen.

Das Interessante in der Auseinandersetzung mit Polyzentralität und Metropolregionen liegt in der Verbindung zweier Aspekte: einerseits in der Identifikation funktionaler, ökonomischer Verflechtungen, deren Interaktionen losgelöst von politisch-administrativen Grenzen wirken; andererseits in der Betrachtung der dadurch ausgelösten Eingriffe in existente politische und sozio-ökonomische Systemstrukturen. Denn diese «neuen» räumlichen Verflechtungen können nicht mehr mit den tradierten Steuerungs- und Regulationsinstrumenten ausreichend gelenkt werden.

2.2.1 Polyzentralität als Prinzip einer ausgeglichenen Raumentwicklung

Die EU orientiert ihre raumbezogene Strukturpolitik auf der Basis eines Netzwerkes Europäischer Metropolregionen. Im Kern geht es um die Vernetzung von europäischen Teilräumen, die die EU in ihrer Kohärenz stärken soll (Europäische Kommission 1999). Das Europäische Raumentwicklungskonzept (EUREK), mit dem die EU ihre Vorstellungen über die wirtschafts- und lebensräumliche Entwicklung Europas dokumentiert hat, definiert Metropolregionen als die treibenden Faktoren im europäischen Entwicklungsprozess. Das Konzept Metropolregionen ist damit zu einem Element des Überganges von der ökonomischen zur politischen Union geworden. Die zum Subsidiaritätsprinzip verpflichtete Union gerät auf dieser Ebene am wenigsten mit den politisch etablierten Systemen in Konfrontation. Die in den Vorstellungen über ein Netz Europäischer Metropolregionen enthaltenen Ideen von Hochgeschwindigkeitsverbindungen, Ausbau des Strassennetzes sowie Intensivierung des innereuropäischen Flugverkehrs schaffen eine interregionale Mobilität und Grundlagen für vernetzte wirtschaftliche Aktivitäten. Sie sollen wesentlich zur europäischen Integration beitragen und dem «Projekt Europa» zum Erfolg verhelfen. Die nationalen und lokalen Politiken reagieren auf diese Entwicklungen. Um Wettbewerbsfähigkeit und politische Integration zu gewährleisten, verlassen politische Netzwerke die Ebene administrativ geltender nationaler Gebietskörperschaften und versuchen Kooperationen innerhalb und zwischen den Metropolregionen zu knüpfen. Neue Formen der intraregionalen Zusammenarbeit sowie politischer Strukturen für die Steuerung funktionaler Regionen sind in Ansätzen zu erkennen. Der Bericht der OECD über «Metropolitan Governance» weist verstärkt darauf hin, dass in den nächsten Jahren diese Thematik zunehmend in den Mittelpunkt des politikwissenschaftlichen Demokratiediskurses gelangen wird (OECD 2000).

Die im föderalen Aufbau der EU formal definierten, politischen Entscheidungsstrukturen (Goodman 1998) sowie die «alten» nationalstaatlichen Systemstrukturen passen mit den nicht politisch-administrativ gefassten, polystrukturellen, funktionalen Metropolregionen, von denen zudem die bedeutenden ökonomischen und politischen Interaktionen ausgehen, nicht zusammen. Die europäische Politik geht davon aus, dass periphere Räume spezifische Entwicklungspotenziale besitzen. Sie laufen aber gleichzeitig Gefahr, durch eine übermässige Konzentration in den Kernräumen nicht ausschöpfbar zu sein. Das EUREK verspricht sich durch das zentrale Konzept der «Polyzentralität» einen Brückenschlag zwischen den unterschiedlichen Interessen der Mitgliedsstaaten. Dieser kommt auch in den drei Grundzielen des EUREK zum Ausdruck:

− wirtschaftliche und soziale Kohäsion.
− Schutz der Naturressourcen und des Kulturerbes.
− ausgewogener Wettbewerb innerhalb der EU.

Polyzentralität wird als strategische Antwort auf die heute unerwünschte räumliche Teilung in Zentren und Peripherie begriffen: «...the concept of polycentric development has to be pursued to ensure regionally balanced development because the EU is becoming fully integrated in the global economy. Pursuit of this concept will help to avoid further excessive economic and demographic concentration in the core area of the EU. The economic potential of all regions of the EU can only be utilized through the further development of a more polycentric European settlement structure. The greater competitiveness of the EU on a global scale demands a stronger integration of the European regions into the global economy» (CEC 1999: 20).

Insbesondere zwei Politikoptionen sollen das Konzept der polyzentrischen Entwicklung umsetzen helfen (CEC 1999: 22):

− Stärkung mehrerer grösserer Zonen weltwirtschaftlicher Integration in der EU, die mit hochwertigen und globalen Funktionen und Dienstleistungen auszustatten sind unter Einbindung der peripheren Gebiete durch transnationale Raumentwicklungskonzeptionen.
− Stärkung eines polyzentrischen und ausgewogeneren Systems von Metropolregionen, Stadtgruppen und Städtenetzen durch engere Zusammenarbeit der Strukturpolitik und der Politik der Transeuropäischen Netze (TEN) sowie durch Verbesserung der Verbindungen zwischen internationalen/nationalen und regionalen/lokalen Verkehrsnetzen.

Das Hauptziel des polyzentrischen Ansatzes ist zu zeigen, unter welchen Bedingungen Wettbewerbsfähigkeit verbessert werden kann. Diese Räume sollen dabei in grossräumige und kooperative Raumentwicklungsstrategien integriert werden können. Polyzentralität kann genauso wie das Zentrum-Peripherie-Konzept auf verschiedene räumliche Massstabsebenen angewendet werden. Das Polyzentralitätskonzept des EUREK ist daher vor allem ein eingebundenes Konzept. Das EUREK sieht die Entwicklung von polyzentrischen Siedlungsstrukturen, die sich quer über das ganze EU-Territorium zeigen. Simultan dazu geht das EUREK davon aus, dass jedes dieser Zentren − EUREK nennt keine Grösse für diese Zentren − auf dem nächstkleineren

Massstab wiederum ein polyzentrisches System bildet, ganz ähnlich den russischen Puppen, die jeweils artgleich die nächstkleineren freigeben.

Die zugrunde liegende Hypothese des Polyzentrismus nimmt an, dass ökonomische und funktionale Integration erreicht werden kann, ohne gleichzeitig strukturell ungleiche Räume zu schaffen. Aus einer analytischen Perspektive kann Polyzentralität daher anhand verschiedener charakteristischer Merkmale beschrieben werden (vgl. European Spatial Planning Observation Network 2004). Dies geht deutlich aus den Erkenntnissen des European Spatial Planning Observation Network (ESPON) hervor. ESPON wurde lanciert, um die Implementation des EUREK forschend zu begleiten:

Form: Polyzentralität kann durch zwei unterschiedliche Sichtweisen beschrieben werden (ESPON 2004: 4):
- Morphologisch: Beschreibt die Verteilung von verstädterten Räumen in einem bestimmten Territorium (Hierarchie, Verteilung von Standorten, Anzahl der Städte, Ausdehnung des Siedlungsgebietes, Dichten).
- Relational: Beruht auf funktionalen Netzwerken und Kooperationen zwischen urbanen Räumen unterschiedlicher räumlicher Massstabsebenen. Diese Flussgrössen beziehen sich auf räumliche Nähe, vor allem auf regionalem und nationalem Massstab. Netzwerkbeziehungen können allerdings auch distanzunabhängig aufgezogen sein.

Funktion: Polyzentralität gewinnt Gestalt durch die wechselseitige Funktion von Städten und den sie umgebenden Verdichtungsräumen. Eine polyzentrische Situation ergibt sich dann, wenn zwei oder mehrere Städte miteinander komplementäre Funktionen aufweisen und zudem Beziehungen zueinander pflegen. In der Regel gibt es drei Vorbedingungen für Polyzentralität:
- Funktionen: meistens, aber nicht immer, grössenabhängig.
- Flussgrössen: meistens, aber nicht immer, abhängig von Nähe.
- Kooperation: abhängig von gegenseitigem Verständnis, strategischen Interessen und Abhängigkeiten.

Struktur: Das Phänomen der Polyzentralität hat also zumindest zwei deutlich unterschiedliche Blickwinkel, die am Ursprung von zwei Entstehungsprozessen von polyzentrischer Entwicklung stehen (ESPON 2004: 5):
- Strukturell (ökonomisch, funktional): resultiert aus einer «spontanen» räumlichen Entwicklung von urbanen Knoten und ihren Beziehungsströmen.
- Institutionell (politisch): beruht auf absichtsvoller Zusammenarbeit.

Entwicklung: Polyzentralität kann sich damit rasch herausbilden als Produkt von historischen, ökonomischen und räumlichen Mustern. Polyzentralität ist darüber hinaus auch auf unterschiedlichen räumlichen Massstabsebenen festzumachen, wobei Erreichbarkeit und relative räumliche Nähe die zwei entscheidenden Parameter darstellen.

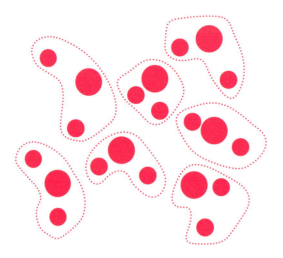

Abb. 1: Polyzentrische
Raumstruktur in Europa
Quelle: EUREK 1999

2.2.2   **Europäische Metropolregion als räumliches Konzept und
funktionaler Zusammenhang**

Die tragende Rolle von grossräumig zugeschnittenen funktionalen Interaktionsräumen für die Wirtschaftsentwicklung wird auch durch die aktuellen europäischen Entwicklungsvorstellungen hervorgehoben. Dazu zählten bislang EUREK sowie die beiden Gemeinschaftsinitiativen URBAN II und INTERREG III B der EU-Kommission. Für die Programmperiode 2007 bis 2013 formuliert die EU-Kommission ihre Strukturfondspolitik neu. Das Ziel der territorialen Kohäsion des gesamten EU-Gemeinschaftsraumes soll dabei eine der drei strategischen Ausrichtungen der Struktur- und Kohäsionsfonds darstellen.

Damit wurde im EUREK das Phänomen «Polyzentralität» über das Konzept der Europäischen Metropolregion abgebildet. Dort wurde jedoch vorwiegend ein normativer Ansatz integriert. Eine bindende Aussage, die die Europäischen Metropolregionen exakt definiert und auch geografisch abbildet, ist scheinbar bewusst vermieden worden. In abstrakten, grafischen Netzwerkdarstellungen (Abb. 1) wird nur das strukturelle Prinzip eines polyzentrischen, metropolitanen Europas skizziert (Kapitel 2.2).

Im Gegensatz dazu verdeutlicht die kartografische Darstellung der ESPON-Analyse zu den funktionalen urbanen Räumen Europas die Hoffnung der EU auf die prägende Kraft des Konzepts der Europäischen Metropolregionen. ESPON (2004) zeigt in einem klaren Bild, dass sich die Entwicklungsdynamik Europas innerhalb eines «Pentagons» konzentriert, das sich aufspannt zwischen den Eckpunkten London, Paris, Mailand, München und Hamburg (Abb. 2). Dieses Pentagon umfasst 14 Prozent der Fläche, 32 Prozent der Bevölkerung und erwirtschaftet 43 Prozent des Bruttoinlandproduktes der 25 Mitgliedstaaten der EU plus Norwegens und der Schweiz (ESPON 2004).

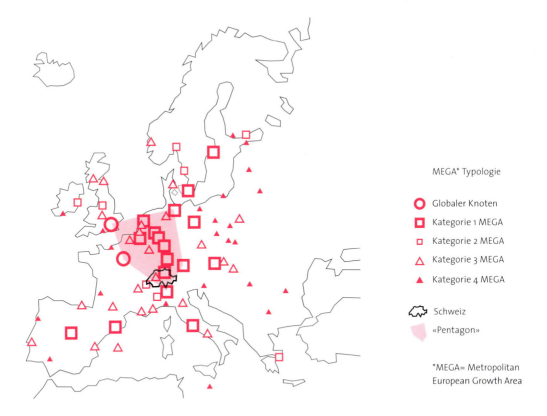

MEGA* Typologie

○ Globaler Knoten

□ Kategorie 1 MEGA

▫ Kategorie 2 MEGA

△ Kategorie 3 MEGA

▲ Kategorie 4 MEGA

Schweiz

«Pentagon»

*MEGA= Metropolitan
European Growth Area

Die Schweiz, liegt als Nichtmitgliedsstaat der EU mitten in diesem Kernraum des europäischen Wertschöpfungspotenzials. Die Schweiz ist also zentral mitbetroffen von den polyzentrischen Entwicklungen rund um ihre Landesgrenzen. Diese funktionale Eingebundenheit zeigt sich ebenfalls in dem Urban-21-Projekt «European Metropolitan Regions» aus dem Jahr 1999. Hierin wurden im Gegensatz zum EUREK sehr konkrete Vorstellungen bezüglich den ökonomischen und infrastrukturellen Verflechtungen unter den funktionalen Wirtschaftsräumen Europas identifiziert (Abb. 3). Die ermittelten Ergebnisse wurden sogar in den Kontext von Überlegungen zu einer nachhaltigen, räumlichen Entwicklung Europas gestellt. Doch scheinbar konnten sich die Grundlagen dieses Projektes nicht breiter durchsetzen.

Diese unterschiedlichen Ansätze dokumentieren einen Bruch zwischen normativen und funktionalen Konzepten. Sie betrachten Europäische Metropolregionen zwischen Strategie und Konzept. Dadurch wird die Aufmerksamkeit auf die Frage nach den Kriterien, die diese Raumkonstrukte charakterisieren und beschreiben lassen, gelenkt. Das EUREK verbindet ein normatives Konzept mit dem Konstrukt der Europäischen Metropolregion. Die verschiedenen Forschungsansätze hingegen analysieren vorwiegend die funktional-räumliche Strukturierung von Europäischen Metropolregionen. Der wissenschaftliche Diskurs setzt sich dabei einerseits mit struk-

Abb. 2: Das europäische Pentagon mit dem höchsten Wertschöpfungspotenzial.
Quelle: ESPON (2004)

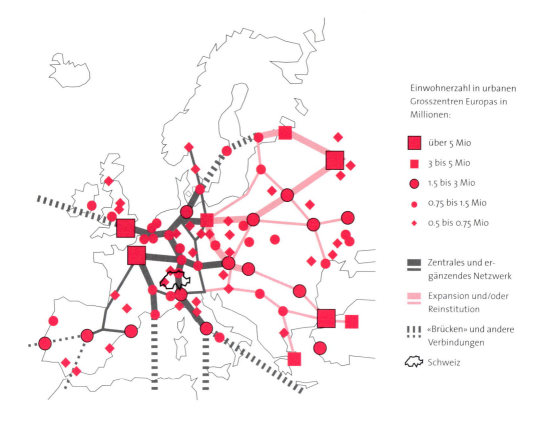

Einwohnerzahl in urbanen Grosszentren Europas in Millionen:

■ über 5 Mio

■ 3 bis 5 Mio

● 1.5 bis 3 Mio

● 0.75 bis 1.5 Mio

◆ 0.5 bis 0.75 Mio

▬ Zentrales und er-
gänzendes Netzwerk

▬ Expansion und/oder
Reinstitution

┃┃┃ «Brücken» und andere
Verbindungen

◇ Schweiz

Abb. 3: Das Netzwerk Europäischer Metropol-regionen
Quelle: European Metropolitan Regions Project 1999

turellen Fragestellungen, andererseits mit institutionellen Konsequenzen dieser Raumphänomene auseinander (z.B. Hitz et al. 1995, Blotevogel 1998a, b, Dielemann und Faludi 1998, Dear 2000, Soja 2000, Urban Studies 2001, Thierstein et al. 2003).

Europäische Metropolregionen werden auf einer übergeordneten Systemebene über die drei so genannten Metafunktionen «Gateway, Innovation und Regulation» charakterisiert (Tab. 2). Zudem sind funktional-qualitative sowie systemisch-strukturelle Merkmale definiert worden, die die Beschreibung von Europäischen Metropolregionen erleichtern (Tab. 3).

Die verschiedenen Merkmale einer Metropolregion lassen sich nicht immer nur einer Metafunktion zuordnen. Beispielsweise wirken Innovationen auch regulierend, denn sie setzen Trends, implementieren neue Standards oder sorgen über Patente für Wettbewerbsvorteile. Als Gateways wirken nicht nur physische Infrastrukturen wie internationale Flughäfen, sondern auch weltweit integrierte Unternehmen, die personifizierbare Gateways zu den entsprechenden Märkten bilden können. Entscheidend hierbei ist, dass durch diese Zugänge die Möglichkeit geschaffen ist, das Raumkonzept der Europäischen Metropolregion in einem normativen und funktionalen Ansatz zu beschreiben und auf dieser Basis empirisch zu untersuchen.

Innovations-Funktion
Unterteilt in «Knowledge Intensive Business Services» (KIBS) für Innovationen im Dienstleistungsbereich und «High-Tech» für Innovationen im industriellen Bereich.

Gateway-Funktion
Knotenpunkte zwischen metropolitanen, nationalstaatlichen und internationalen Transport-Netzwerken, Räumen und Märkten.
Als Gateways wirken nicht nur physische Infrastrukturen wie Flughäfen, sondern auch international integrierte Unternehmen, die personifizierbare Gateways zu den entsprechenden Märkten bilden können.

Regulations-Funktion
Metafunktion der politischen, wirtschaftlichen oder kulturellen Steuerung und Kontrollkapazität nationaler und internationaler Politik und Ökonomie.
Eine besondere Rolle spielen dabei die Finanzdienstleistungsunternehmen.

Tab. 2: Metafunktionen von Europäischen Metropolregionen
Quelle: angelehnt an Behrendt und Kruse 2001; Bonneville 1994

Funktional-qualitative Merkmale	Systemisch-strukturelle Merkmale
Europäischer Verkehrsknotenpunkt	Regionale Verflechtung in einem mono-/polyzentrischen System des Metropolregionenkerns und der Metropolregionenbasis.
Hohe Bevölkerungsdichte	
Nationales Wirtschaftszentrum	
Internationale Wirtschaftsbeziehungen	Politisch nicht organisiert und nicht institutionalisiert.
Politisches und wirtschaftliches Entscheidungszentrum	
Dienstleistungs- und Finanzzentrum	Subpolitische Regulation durch ein politisch nicht institutionalisiertes Akteurssystem.
Messestandort	Entstehung kooperativer Zusammenarbeitsformen zwischen Wirtschaft und Politik in Form von privatwirtschaftlich strukturierten Initiativverbünden.
Medienstandort	
Standort für Forschung und Entwicklung	
Wissenschaft und Lehre	Die metropolitane Politik betreibt «Interfacefunktion»
International ausgerichtetes Kulturangebot	zwischen regionalen, nationalen und internationalen ökonomischen und politischen Netzwerken.

Tab. 3: Merkmale Europäischer Metropolregionen
Quelle: Angelehnt an Behrendt und Kruse 2001

2.2.3 Die Europäische Metropolregion Nordschweiz als Massstabssprung

Was bedeutet das für die Schweiz? Europäische Metropolregionen übernehmen immer mehr die Rolle nationaler Motoren und supranationaler Integrationsfunktionen. Durch sie entsteht zunehmend auch eine internationale Vernetzung durch physische Infrastrukturen und wirtschaftliche Kooperationsleistungen (European Metropolitan Regions Project 1999). Existiert ein entsprechender Raummassstab auch innerhalb der Schweiz?

Ist die Nordschweiz eine Europäische Metropolregion? Leistet sie auf der Basis ihrer funktionalen Struktur als vernetzte Wirtschaftsregion für die Schweiz eine wirtschaftliche und politische Integration innerhalb der EU?

Die Schweiz tut sich schwer, eine grossräumige Betrachtung anzugehen. Die Raumwahrnehmung ist noch immer stark geprägt durch die kleinteilige föderale Struktur des Landes mit knapp 2800 Gemeinden und 26 autonom handelnden Kantonen. Die Erarbeitung von sieben statistischen Grossregionen zur Kompatibilität mit den Datenformaten der EU (Bundesamt für Statistik 1999, Thierstein et al. 2000) hat noch keine befriedigende Lösung angeboten. Sie entspricht nur in geringen Teilen den Realitäten funktionaler, räumlicher Verflechtungen.

Tabelle 4 gibt einen Überblick über die unterschiedlichen Massstabsebenen von Grossräumen, die in der Schweiz als analytische Raumtypen verwendet werden. Doch auf wissenschaftlicher und raumplanerischer Ebene fehlen die Auseinandersetzung und Überprüfung von Raumkonzepten urbaner Systeme sowie detaillierte Analysen von funktional-räumlich strukturierten Metropolregionen. In der Schweiz lassen sich mit der oben beschriebenen Konzeption der Europäischen Metropolregion nur zwei derartig kraftvolle Raummassstäbe identifizieren: die Europäische Metropolregion Nordschweiz sowie Arc Lémanique. Die Raum- und Standortentwicklungspolitik der Schweiz ist also weit über bestehende Planungs- und Wahrnehmungsebenen hinaus gefordert, diesen zusätzlichen Massstabssprung in wirkungsvolle Entwicklungsperspektiven für das Land zu giessen.

Selbsttragende räumliche Entwicklung ist heute nicht eine Frage der Ressourcenausstattung. Es ist vor allem auch eine Frage der kritischen Masse von Vielfalt an Möglichkeiten und Ähnlichkeiten an realisierten Potenzialen. Selbst die Stadt Zürich, die im Jahre 2004 366000 Einwohner aufwies, liegt damit unter der Schwelle, um eigenständig die zentralen metropolitanen Funktionen zu bewältigen (Tab. 2). Zählt man noch die Agglomeration oder den Kanton Zürich zur Kernstadt hinzu, bleibt auch dann die Metropolregion Zürich im internationalen Vergleich zu Regionen wie Frankfurt/Rhein-Main, Rhein-Ruhr oder die holländische Delta-Metropolis im besseren Fall ein kleiner, wenngleich feiner Mitspieler.

Gleichwohl ist absolute Grösse nicht spielentscheidend im globalen Markt um Aufmerksamkeit und Investorengunst. Doch der Blick auf internationale Stadt- oder Metropolregionen zeigt, dass eine ausreichende Dichte und Qualität der Austauschbeziehungen sowie der räumlichen Nähe wich-

Zusammenzüge von Kantonen bilden sieben Schweizer Grossregionen. Die Kantone Zürich und Tessin bilden jeweils eine eigene Region (Bundesamt für Raumentwicklung 2004).

Agglomerationen und isolierte Städte bilden zusammen den städtischen Raum der Schweiz. Agglomerationen sind Ansammlungen von Gemeinden mit mindestens 20000 Einwohnern. Sie bestehen aus den Kernstädten und den mit ihnen formal und funktional verflochtenen Umlandgemeinden. Isolierte Städte haben mindestens 10000 Einwohner, bilden aber selbst keine Agglomeration (Bundesamt für Statistik 1990).

Die vier Grossagglomerationen Zürich, Genf-Lausanne, Basel, Bern sowie die Agglomerationen des Tessin bilden zusammen mit ihren funktional eng verflochtenen Nachbaragglomerationen die sogenannten Metropolitanregionen (Bundesamt für Raumentwicklung 2003).

Gegenstand der vorliegenden Untersuchung ist die Europäische Metropolregionen

tig sind, will man entweder auf globalem Niveau der «Weltstädte» (Sassen 1991, 1999) oder aber auf kontinentalem Massstab (Blotevogel 1998a, b, 2001; Scott 2001) im Wettbewerb um zentrale Steuerungsfunktionen mitspielen. Scott zählt in seiner Analyse des Einflusses der ökonomischen und politischen Globalisierung auf den Bedeutungsgewinn von Metropolregionen jene urbanen Gebilde dazu, die eine Bevölkerung von mehr als einer Million Einwohnern umfassen (Scott 2001). Auf diesem globalen Vergleichsmassstab stehen Schweizer Metropolregionen unscheinbar da. Das «Millionen-Zürich» ist auf Scotts Weltkarte kaum auszumachen und selbst ein grosszügig geschnittener Perimeter im Stile einer Europäischen Metropolregion Nordschweiz umfasst so betrachtet rund 3,9 Millionen Einwohner, würde jedoch im globalen Massstab der Stadtregionen am untersten Ende der Rangliste positioniert.

Doch mehrpolige Metropolregionen sind zu einer Realität geworden. Funktionale Verflechtungen von Wirtschaftsunternehmen einerseits und infrastrukturellen Vernetzungen andererseits machen Metropolregionen zu einem Phänomen, das allerdings einer systematischen Analyse noch harrt. Vor diesem Hintergrund hat sich im Jahre 2003 ein europaweites Team von Wissenschaftlern aus raumbezogenen Disziplinen daran gemacht, die Entwicklung der polyzentrischen Metropolregionen im Kontext der sich ausbreitenden Wissensökonomie zu untersuchen. Die daraus ermittelten analytischen Erkenntnisse wiederum bilden die Ausgangsbasis, um Handlungsvorschläge für die langfristige und nachhaltige Entwicklung und Steuerung solcher grossmassstäblicher Funktionsräume vorzulegen.

2.2.4 Definition der Europäischen Metropolregion Nordschweiz

Die vorliegende Analyse untersucht die oben dargestellten Entwicklungsprozesse am Beispiel der Europäischen Metropolregion Nordschweiz. Doch wie ist dieser Raum definiert, und welche Merkmale charakterisieren ihn? Es handelt sich nicht um ein fest abgrenzbares Gebiet, sondern um ein

Tab. 4: Überblick über territoriale Konzepte schweizerischer Grossräume
Quelle: Ergänzte Darstellung in Anlehnung an Dümmler et al. 2004

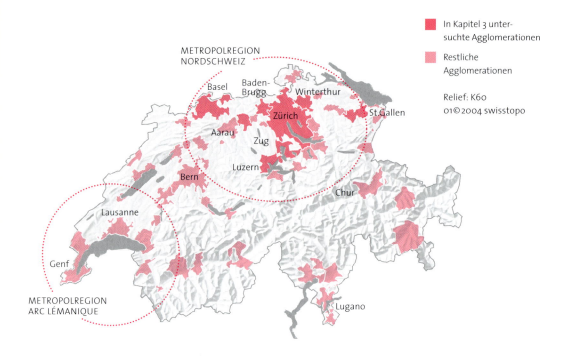

In Kapitel 3 unter-
suchte Agglomerationen

Restliche
Agglomerationen

Relief: K60
01©2004 swisstopo

Abb. 4: Die Metropol-
regionen der Schweiz
Quelle: Eigene
Darstellung

räumliches Konzept, das sich an den funktionalen Verflechtungsraum Nordschweiz annähert. Dieser Verflechtungsraum basiert in der Realität auf physischen und virtuellen Beziehungen und Zusammenhängen, wie dies in Kapitel 1 beschrieben wurde. Dadurch ist seine Gestalt nur beschränkt an das
physische Territorium gebunden. Die Metropolregion dehnt sich immer über
das Gebiet aus, in dem wirtschaftliche Entscheidungsträger gerade handeln
und interagieren. Das geschieht sehr dynamisch und flexibel, weshalb eine
scharfe Eingrenzung der Metropolregion nicht nur unmöglich ist, sondern
zudem falsche Signale setzen würde. Das Ziel des Konzepts der Metropolregion ist nämlich gerade nicht, neue starre Raumtypen zu schaffen, sondern
das Denken in flexiblen, funktional definierten Räumen zu ermöglichen.

Die «Group for European Metropolitan Areas Comparative Analysis»
(GEMACA 1996) benützt als funktionales Abgrenzungskriterium die Pend-
lerverflechtungen. Auf ähnliche Kriterien stützen sich das Bundesamt für
Statistik und das Bundesamt für Raumentwicklung der Schweiz bei ihren
«Metropolitanregionen» (Bundesamt für Raumentwicklung, 2004) sowie
Avenir Suisse mit ihrer «Baustelle Föderalismus» (Blöchliger 2005).

Für die in der vorliegenden Studie verwendete Annäherung an die
Metropolregion Nordschweiz wird die Methode von Behrendt und Kruse
(Behrendt und Kruse 2001) auf der Basis des GEMACA-Ansatzes benutzt.
Sie errechnet das Gebiet, das theoretisch innerhalb einer Stunde Autofahrt
vom Flughafen Zürich aus erreicht werden kann. In der *Abbildung 4* ist die-
ser Raum durch eine gepunktete Ellipse vereinfacht dargestellt. Die Ellipse

	Bevölkerung 2000	Beschäftigte 2000	Fläche qkm
Metropolregion Nordschweiz	3 500 000 (49%)	2 200 000 (56%)	13 700 (33%)
Gesamte Schweiz	7 200 000 (100%)	3 900 000 (100%)	41 000 (100%)

um die Metropolregion Arc Lémanique ist hingegen die Darstellung einer Schätzung, da für die vorliegende Studie keine entsprechenden Daten vorhanden waren.

In *Tabelle 5* wird deutlich, dass sich in der Metropolregion Nordschweiz ein wesentlicher Teil der Schweizer Bevölkerung und Wirtschaft konzentriert. Innerhalb des Perimeters der Metropolregion Nordschweiz, der einen Drittel der gesamten Landesfläche umfasst, lebt und arbeitet die Hälfte der Schweizer Bevölkerung.

In der Metropolregion Nordschweiz lassen sich zwei Hauptachsen des Verkehrs herausheben. Die erste und grösste führt in Ost-West-Richtung von St. Gallen über Winterthur, Zürich, Baden-Brugg oder Aarau, Olten nach Basel oder Solothurn. Die zweite verbindet in Nord-Süd-Richtung Zürich mit Zug und Luzern. Nebenachsen verlaufen von Zürich entlang des Zürichsees bis ins Zürcher Oberland oder nach Ausserschwyz, nach Schaffhausen und nach Kreuzlingen-Konstanz.

Eine morphologische Betrachtung lässt in der Metropolregion Nordschweiz drei zusammenhängende Siedlungsballungen erkennen. Die grösste umfasst die städtischen Regionen von Zürich, Winterthur, Baden, Aarau, Olten, Zug, Luzern und Ausserschwyz. Die zweitgrösste besteht aus der Agglomeration Basel und Teilen des Kantons Jura. In der Ostschweiz bilden schliesslich die Agglomerationen von Wil und St. Gallen sowie die Bodenseestädte einen physischen Verdichtungsraum. Die Europäische Metropolregion Nordschweiz umfasst erfahrungsgemäss auch die südlichen Teile von Baden-Württemberg sowie Teile der Departemente Haut-Rhin und Territoire de Belfort, doch ist eine nähere Analyse aufgrund der mangelnden Vergleichbarkeit der Daten schwierig. Das kartografische Muster zeigt aber, dass der 60-Minuten-Radius gut als eine einfache Annäherung für die Ausdehnung der Metropolregion Nordschweiz – zumindest innerhalb der Schweiz – benutzt werden kann.

Die Metropolregion Nordschweiz zeigt sich damit als polyzentrischer Raum, der sowohl hoch verdichtete städtische Räume als auch semi-rurale Gebiete und hybride Stadtlandschaften – wie etwa die Glattal-Stadt nördlich von Zürich rund um den internationalen Flughafen Zürich-Kloten – umfasst.

Tab. 5: Grunddaten der Europäischen Metropolregion Nordschweiz Quelle: Eigene Berechnungen nach Bundesamt für Statistik 2000

Frühere Studien unterstreichen das schillernde Gesicht dieses Metropolraumes (Corpataux et al. 2001, 2002; Crevoisier et al. 2001). Unterschiedliche Wertschöpfungssysteme haben über die letzten Jahrzehnte die Metropolregion Nordschweiz geprägt – das «metropolitane System Zürich», das «metropolitan-industrielle System Basel» sowie das «industrielle System Ostschweiz». Dieses Grundgewebe bildet auch heute das Potenzial für die weitere Entwicklung der Metropolregion.

2.3 Raumwirkung verborgener Zusammenhänge – die Rolle wissensintensiver Ökonomien

Der «Global and World City Ansatz» entwickelt die These einer «Geografie der Globalisierung», die als Netzwerk konfiguriert ist und deren zentrale Stellgrössen – die Weltstädte – als Drehscheiben der globalen Ökonomie fungieren. Das zentrale Argument folgt dabei den grundlegenden Arbeiten von Sassen (1991) and Castells (1999), die ein Netzwerk von Weltstädten im Kontext eines globalen Verflechtungsnetzes von Finanz-, Dienstleistungs- und Güterströmen identifizieren. Voraussetzungen dafür sind die «Vereinfachungshilfen» von Informations- und Kommunikationstechnologien. Diese haben es den Weltstädten erlaubt, ihre traditionelle Rolle als Dienstleistungszentren auf einen globalen Handlungsmassstab zu verlagern. Diese bildet wiederum das Rückgrat für die ökonomische und politische Globalisierung (Taylor et al. 2002).

Die so genannten wissensintensiven Ökonomien werden daher auch als treibende Kräfte einer polyzentrischen Raumentwicklung in Europa verantwortlich gemacht. Doch wie sind diese definiert? Welche Rolle spielen die hier einbegriffenen Branchen in der Gesamtwirtschaft der Schweiz sowie für die Metropolregion Nordschweiz?

2.3.1 Wissensintensive Ökonomien in den Regionalwissenschaften

Die wissenschaftliche Auseinandersetzung mit wissensintensiven Ökonomien ist über die Geschichte der regionalökonomischen Forschung ersichtlich. Raumökonomische Theorien widerspiegeln heute das Wechselspiel von unternehmerischen Anpassungsstrategien, technologischen Entwicklungen, Internationalisierung und Integration von Märkten sowie veränderten nationalen und supra-nationalen Regulierungen. Doch dem war nicht immer so. Lange stand die Sicht des einzelnen Unternehmens im Vordergrund. Gezeigt wurde, wie ein Unternehmen reagiert auf freien Aussenhandel und wie sich Betriebe aus Landwirtschaft, der Industrie und des Dienstleistungssektors ihre optimalen Produktionsstandorte suchen. Dies führte zur Erkenntnis, dass, je nach Eigenschaft und «Lebensphase» der einzelnen Bestandteile der betrieblichen Wertschöpfung, sich im Raum unterschiedlich optimale Standorte anbieten. Mehrbetriebs-Unternehmen platzieren gar ihre Tätigkeiten auf einem internationalen Massstab. Diese so genannte Produktlebenszyklus-Hypothese verbindet die einzelbetriebliche Wertschöpfungskette mit der räumlichen Standortoptimierung (Vernon 1966).

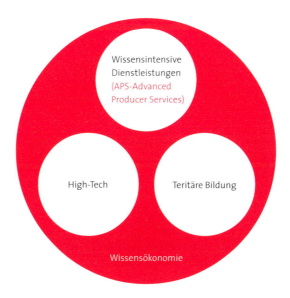

Die hier beschriebene einzelbetriebliche Sicht wurde in den Regionalwissenschaften recht früh verbunden mit erstens der Erkenntnis, dass Unternehmen die Treiber des technologischen Innovationsprozesses spielen. Zum zweiten wurde der Zusammenhang hervorgehoben zwischen einzelbetrieblicher Tätigkeit und dem Wechselspiel von Firmen, die auf engem Raum in gegenseitiger Arbeitsteilung tätig sind. Konzepte wie etwa die räumlich verankerten Produktionssysteme (Aydalot 1988, Stöhr 1986), geografische Cluster von Firmen (Lasuén 1973), New Industrial Districts (Pyke et al. 1990), territorialisierte Produktionssysteme oder «innovative Milieus» und innovative Netzwerke (Cappellin 1998, Maillat 1995) sind Ausdruck dieser Integrationsbestrebung von Einzeltheorien.

Die «Entdeckung» der zentralen Rolle des Unternehmens und des risikobereiten Unternehmers durch Joseph Schumpeter hat einen der Pfeiler gesetzt für eine innovationsorientierte Raumwissenschaft. Die Beschäftigung mit den standörtlichen Voraussetzungen eines funktionsteiligen Innovationsprozesses sowie deren räumlichen Auswirkungen hatte Folgen. Zum einen führte es zu einer Zuspitzung der Theoriedebatte auf die Bedeutung von regionalen Innovations- und Produktionssystemen. Diese Wertschöpfungssysteme umfassen – wie bereits weiter oben angesprochen – einen spezialisierten Produktionssektor mit seinen vor- und nachgelagerten Wirtschaftsverflechtungen, den regional verankerten Wissensproduzenten sowie der öffentlichen Hand als Regulationsinstitution (Corpataux et al. 2001, Ossenbrügge 2001).

Zum anderen entwickelte sich ein Argumentationsstrang aus den offensichtlichen Wechselwirkungen von technologischem Wandel, Lernprozessen, Innovation und Städten. In Fallstudien wurde dieser Gedankengang

Abb. 5: Struktur wissensintensiver Ökonomien
Quelle: Eigene Darstellung

getestet an weit herum bekannten Hochtechnologie-Regionen wie beispielsweise Silicon Valley, Route 128 um Boston oder Cambridge (Saxenian 1990; Florida und Kenney 1990; Keeble et al. 1999). Im Kern dieser Theorie steht die Erkenntnis, dass eine enge Kooperation zwischen technisch-naturwissenschaftlich ausgerichteten Universitäten und Produktionsunternehmen den Nährboden für künftige wissensintensive technologieorientierte Industriezweige bildet.

Die rasche Ausbreitung der wissensbasierten Dienstleistungsaktivitäten – auch durch die Börsengänge vieler «New Economy»-Jungfirmen ins Bewusstsein gerückt – hat zu einer intensiven Diskussion über das Ausmass und die spezifischen Standortanforderungen von «wissensintensiven Dienstleistungen» geführt (Kruse 2005). Zu diesen Dienstleistungssektoren zählen drei Pfeiler (Abb. 5):

–   die wissensintensiven, unternehmensnahen Dienstleistungen, auch Advanced Producer Services (APS) genannt.
–   die High-Tech-Industrien.
–   die wissensproduzierenden Institutionen des tertiären Bildungssystems (Dümmler et al. 2004; Dümmler 2006).

2.3.2   Wissensintensive Ökonomien als Ausdruck unternehmerischer und territorialer Spezifität

Howells (2000, 51) argumentiert, dass die Ökonomie stärker und direkter als je zuvor ihre Wurzeln in der Produktion, der Verteilung und der Anwendung von Wissen besitzt. Wissensintensive Prozesse in der Ökonomie sind zum strategischen Wettbewerbsfaktor für Unternehmen und Wirtschaftsregionen geworden. Dies wird bei Eliasson (1990, 2000) deutlich, der die vier grundlegenden Aktivitäten in einer wissensbasierten Ökonomie beschrieben hat. Koordination, Innovation, Selektion und Lernen sind seiner Meinung nach die «intellektuelle Superstruktur» (Eliasson 2000, 178) für alle ökonomischen Aktivitäten (vgl. Abb. 6).

Verschiedene Autoren machen vor allem die gesteigerten Möglichkeiten der Informations- und Kommunikationstechnologien für die Entstehung, Nutzung und sogar Ausbeutung (vgl. u.a. Foray und Lundvall 1996: 18) von Wissen in seiner vielfachen Erscheinungsform verantwortlich. Folgt man der Argumentation von Eliasson (2000, 178), so sieht er in der technologischen Entwicklung sowie der organisatorischen Bedeutung der Informationsweitergabe und -transformation den Hauptgrund für einen «innovativen unternehmerischen Wandel», der mit einem kreativen Zugang zu neuen Formen des Lernens und der Akkumulation von Kompetenzen verbunden ist.

Im Zentrum der oben beschriebenen Prozesse steht der Begriff des Wissens, der im Wesentlichen durch die nachfolgende Differenzierung definiert ist:

–   nicht kodifiziertes, nicht standardisiertes, implizites Wissen (tacit knowledge).
–   kodifiziertes, systematisches, explizites Wissen.

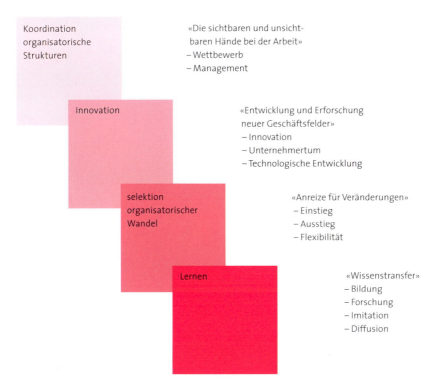

Koordination organisatorische Strukturen

«Die sichtbaren und unsichtbaren Hände bei der Arbeit»
– Wettbewerb
– Management

Innovation

«Entwicklung und Erforschung neuer Geschäftsfelder»
– Innovation
– Unternehmertum
– Technologische Entwicklung

selektion organisatorischer Wandel

«Anreize für Veränderungen»
– Einstieg
– Ausstieg
– Flexibilität

Lernen

«Wissenstransfer»
– Bildung
– Forschung
– Imitation
– Diffusion

Polanyi (1958, 1967) hat sich als einer der ersten mit dieser Unterscheidung auseinander gesetzt. Explizites Wissen wird dadurch gekennzeichnet, dass es kognitiv anwendbar, systematisch und formal beschreibbar sowie in standardisierten Formen transferierbar ist. Es ist dadurch nicht unmittelbar persönliche, individuelle Erfahrung, sondern kollektives Wissensgut, das über Zeit und Raum verteilt werden kann. Implizites Wissen (tacit knowledge) sind erfahrungs- und interaktionsbasierte Fähigkeiten, die nicht kommuniziert und auch nicht über Artefakte kodifizierbar sind.

Diese Aussage hat Konsequenzen für die Betrachtung der Rolle von Wissen in der wissensbasierten Ökonomie. In der neoklassischen und vor allem auch transaktionskostenorientierten Ökonomie wird Wissen häufig als ein Produktionsfaktor in Form einer Input-Variable betrachtet. Doch Kruse (2005, 76) argumentiert, dass sich die Wissensproduktion von der Güterproduktion in den drei Aspekten Unsicherheit, Reflexivität und Spezifität unterscheidet und somit die Rolle eines strategischen Vermögens einnimmt (Tab. 6).

Nelson und Winter (1982) haben in ihrer «Evolutionary Theory of Economic Change» den Blickwinkel auf die Kompetenz von Unternehmen gerichtet, die in erster Linie ein Reservoir von Fähigkeiten, Erfahrungen und Wissen beinhaltet. Das bedeutet, dass Wissen und individuelle sowie kollektive Kom-

Abb. 6:
Vier grundlegende Aktivitäten einer wissensbasierten Ökonomie
Quelle: Kruse 2005, 73

Merkmal	Beschreibung
Unsicherheit	Wissen hat im Gegensatz zu Gütern ein starkes Element der Unsicherheit zur Folge, Im Sinne der Reflexivität sind wissensbasierte Handlungen und Entscheidungen nur gering in ihren Folgen einschätzbar.
Reflexivität	Wissen ist häufig in Gütern «verkörpert» als Output eines Produktionsprozesses, Wissen ist jedoch vielmehr der Ausdruck von Menschen, die Erfahrungen und Fähigkeiten reflexiv bewerten und weiterentwickeln. Es besitzt somit eine individuelle Komponente.
Spezifität	Individuelles Wissen kann zu Formen kollektiven Wissens wachsen. Somit ist Wissen vor allem in Organisationen verkörpert, was sich in Teilen über organisatorische Routinen im Leistungserstellungsprozess und in Teilen durch die Spezifität individueller Kompetenzen der Mitarbeitenden ausdrückt.

Tab. 6: Aspekte der Unterscheidung von Wissens- und Güterproduktion
Quelle: Kruse 2005, 76

petenzen aus der Perspektive von Unternehmen nicht Produktionsfaktoren, sondern ein strategisches Vermögen für die Handlungsfähigkeit darstellen.

Lundvall und Johnson (1992) argumentieren, dass einer der höchsten Ausdrucksformen wirtschaftlichen Wettbewerbs der Prozess des Lernens ist. Sie haben in diesem Zusammenhang den Begriff der «learning economy» aufgegriffen und beschreiben, dass dieses Lernen das wettbewerbsbedingte Ergebnis einer verstärkten Reflexivität von Erfahrungen, Fähigkeiten und Wissen ist.

In der Argumentation von Lundvall und Johnson (1992) sowie in den Aussagen von Nelson und Winter zeigen sich einerseits die institutionelle und andererseits die territoriale Komponente von Wissen und Lernen. Dahinter verbirgt sich ein sehr breiter und intensiv geführter wissenschaftlicher Diskurs (vgl. Bryson et al. 2000, Dunning 2000), der die unterschiedlichsten Aspekte von Wissen und Lernen im wirtschaftlichen Prozess von Individuen und Kollektiven (Unternehmen, politische Institutionen) und funktional strukturierten Räumen ausführlich beleuchtet. Die *Abbildung 7* zeigt die Strukturierung des wissenschaftlichen Diskurses über Wissen und Lernen im institutionellen und territorialen Kontext.

Auf der linken Seite der Abbildung ist ersichtlich, dass wissensintensive Lern- und Entwicklungsprozesse ihren Ausdruck innerhalb von Unternehmen finden, indem dadurch die Kernkompetenzen ausgebaut und die Wettbewerbsfähigkeit und Marktposition als lernendes, wissensintensives Unternehmen weiterentwickelt werden kann. Auf der rechten Seite der Abbildung wird deutlich, dass die räumliche Konzentration von Wissens- und Lernprozessen zu einer territorialen Spezifität von lernenden Wirtschaftsregionen führt. Storper (1997: 31) unterstreicht diesen Aspekt mit der folgenden Aussage:

«Those firms, sectors, regions, and nations which can learn faster or better (...) become competitive because their knowledge is scarce and therefore cannot be immediately imitated by new entrants or transferred, via codified and formal channels, to competitor firms, regions or nations.»

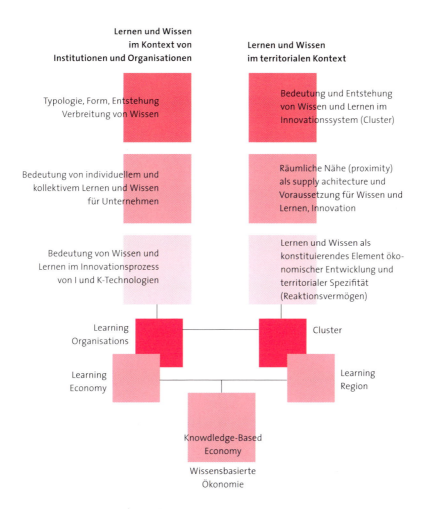

Lernen und Wissen im Kontext von Institutionen und Organisationen

Lernen und Wissen im territorialen Kontext

Typologie, Form, Entstehung Verbreitung von Wissen

Bedeutung und Entstehung von Wissen und Lernen im Innovationssystem (Cluster)

Bedeutung von individuellem und kollektivem Lernen und Wissen für Unternehmen

Räumliche Nähe (proximity) als supply achitecture und Voraussetzung für Wissen und Lernen, Innovation

Bedeutung von Wissen und Lernen im Innovationsprozess von I und K-Technologien

Lernen und Wissen als konstituierendes Element ökonomischer Entwicklung und territorialer Spezifität (Reaktionsvermögen)

Learning Organisations

Cluster

Learning Economy

Learning Region

Knowdledge-Based Economy
Wissensbasierte Ökonomie

Für die Perspektive dieser Arbeit ist vor allem das Zusammenspiel der institutionellen und der territorialen Seite von Wissen und Lernen von zentraler Bedeutung. In Verbindung individuellen, unternehmerischen Wissens und der Ballung kollektiver Kompetenzen in wertschöpfungsintensiven Wirtschaftsräumen wird die zunehmende Bedeutung wissensintensiver Ökonomien als Treiber sozio-ökonomischer Entwicklung deutlich. Malecki (2000) beschreibt diesen Aspekt als die «lokale Natur von Wissen» und unterstreicht die Notwendigkeit, Wissen als wirtschaftsräumlichen Wettbewerbsfaktor anzuerkennen:

«If knowledge is not found everywhere, then where it is located becomes a particularly significant issue. While codified knowledge is easily replicated, assembled and aggregated (…) other knowledge is dependent on context and is difficult to communicate to others. Tacit knowledge is localized in particular places and contexts. (…).» (Malecki 2000, 110)

Abb. 7: Strukturierung des wissenschaftlichen Diskurses über Wissen und Lernen im institutionellen und territorialen Kontext
Quelle: Eigene Berechnung;
Daten: Bundesamt für Statistik (2003)

2.3.3 Die wissensintensive Ökonomie in der Schweiz und in der Europäischen Metropolregion Nordschweiz

Wissensintensive Ökonomien bestimmen auch die Wirtschaftsentwicklung in der Schweiz. Im Nachfolgenden sind die wissensintensiven Ökonomien gemäss ihrer Definition und Beschreibung in Kapitel 2.3.1 und 2.3.2 in ihrer Beschäftigtenstruktur, -entwicklung und -dynamik zwischen den Jahren 1995 und 2001 abgebildet. Dadurch soll der Nachweis erbracht werden, dass die für diese Untersuchung relevante Treiberfunktion wissensintensiver Ökonomien auch statistisch signifikant ist. In *Tabelle 7* sind die Daten für die Gesamtschweiz sowie die Europäische Metropolregion Nordschweiz in einer Übersicht zusammengestellt. Im oberen Teil der Tabelle werden die Gesamtbeschäftigtendaten gespiegelt, daneben können die Angaben für die einzelnen Teilbereiche der wissensintensiven Ökonomien betrachtet werden.

Die Analyse ist eindrücklich. Mit 560 671 Beschäftigten ist mehr als jeder sechste Arbeitsplatz in der Schweiz in der wissensintensiven Ökonomie angesiedelt. Die Europäische Metropolregion bietet mit insgesamt 328 801 Beschäftigten und einem Anteil von 58,6 Prozent mehr als die Hälfte aller wissensintensiven Arbeitsplätze in der Schweiz an.

Mit einem Beschäftigungswachstum von 18,7 Prozent für die Schweiz und 23,4 Prozent in der Europäischen Metropolregion Nordschweiz (1995–2001) gegenüber einem durchschnittlichen Beschäftigtenwachstum der Gesamtwirtschaft von 3,4 Prozent (Schweiz) beziehungsweise 3,7 Prozent (Europäische Metropolregion Nordschweiz) besitzen die wissensintensiven Ökonomien eine herausragende Stellung als Arbeitsplatzgenerator Nummer eins. Das bedeutet, dass die wissensintensiven Ökonomien im gleichen Zeitraum das Sechsfache an Arbeitsplätzen geschaffen haben als alle anderen Wirtschaftsbranchen.

Analysiert man die dynamische Entwicklung der einzelnen Teilbereiche der wissensintensiven Ökonomien, erkennt man allerdings einen interessanten Trend. Die grösste Dynamik in der Beschäftigtenentwicklung hat die Schweiz sowie die Europäische Metropolregion Nordschweiz im Bereich der sonstigen wissensintensiven Dienstleistungen (27,4 Prozent Schweiz, 34,5 Prozent Metropolregion Nordschweiz), High-Tech und Life Science (17,5 Prozent Schweiz, 20,5 Prozent Metropolregion Nordschweiz) sowie bei der tertiären Bildung (20,2 Prozent Schweiz, 25,1 Prozent Metropolregion Nordschweiz) erzielt. In den wertschöpfungsintensiven Bereichen der Finanzdienstleistungen und Versicherungen ist das Beschäftigungswachstum nur ungefähr halb so gross wie in den drei oben aufgeführten Branchen. Die Finanz- und Versicherungsbranche liegt jedoch mit einem durchschnittlichen Wachstum von 13 Prozent (in der Metropolregion Nordschweiz) weit über dem Gesamtwachstum in der Schweiz.

Aus diesen Daten ist ersichtlich, dass eine Auseinandersetzung mit den Unternehmen der wissensintensiven Ökonomien als Treiber einer Raumentwicklung im Verborgenen wichtig ist, wenn man funktionalräumliche Strukturen analysieren und verstehen möchte. Das nachfolgende Kapitel 3

		1995	2001	Dynamik 1995 - 2001 in Prozent
Beschäftigte Schweiz total		3 548 815	3 668 468	3,8
Beschäftigte Europäische Metropolregion Nordschweiz total		2 219 402	2 302 379	7,7
Beschäftigte wissensintensive Ökonomie Europäische Metropolregion Nordschweiz		328 801	405 850	23,4
Beschäftigte wissensintensive Ökonomie Schweiz		560 671	665 736	18,7
Beschäftigte Finanzdienstleistungen	Beschäftigte Schweiz	114 124	123 436	8,2
	Beschäftigte Europäische Metropolregion Nordschweiz	67 256	74 638	11,0
	Anteil an Gesamtbeschäftigung Finanzdienstleistungen Schweiz	58,9	63,9	
Beschäftigte Versicherungen	Beschäftigte Schweiz	57 659	63 603	10,3
	Beschäftigte Europäische Metropolregion Nordschweiz	35 417	40 612	14,7
	Anteil an Gesamtbeschäftigung Versicherungen Schweiz	61,4	63,9	
Beschäftigte sonstige wissensintensive Dienstleistungen	Beschäftigte Schweiz	209 253	266 652	27,4
	Beschäftigte Europäische Metropolregion Nordschweiz	123 504	166 067	34,5
	Anteil an Gesamtbeschäftigung sonstige wissensintensive Dienstleistungen Schweiz	59,0	62,3	
Beschäftigte High-Tech und Life Science	Beschäftigte Schweiz	140 481	164 996	17,5
	Beschäftigte Europäische Metropolregion Nordschweiz	83 369	100 440	20,5
	Anteil an Gesamtbeschäftigung High Tech und Life Sciences Schweiz	59,4	60,9	
Beschäftigte Tertiäre Bildung	Beschäftigte Schweiz	39 154	47 049	20,2
	Beschäftigte Europäische Metropolregion Nordschweiz	19 255	24 093	25,1
	Anteil an Gesamtbeschäftigung Tertiäre Bildung Schweiz	49,2	60,9	

Tab. 7: Beschäftigtenstruktur und -entwicklung der wissensintensiven Ökonomien in der Schweiz und der Europäischen Metropolregion Nordschweiz Quelle: Eigene Berechnungen, Bundesamt für Statistik (BFS) 2003)

Hauptzweige	Akteure (Auswahl)	Tätigkeiten
Finanzdienstleistungen	Banken, Kreditinstitute, Finanz-gesellschaften	Finanzierung von und Investition in Unternehmen, Beratung und Begleitung bei Börsengängen.
Management Consulting	Unternehmensberater, Marktforscher, Personalvermittler	Beratung bei der strategischen Entwicklung von Unternehmen.
Treuhand	Wirtschaftsprüfer, Steuerberater	Beratende Prüfung der Unternehmensfi-nanzen.
Versicherung	Schadensversicherer, Kassen, Rück-versicherer	Beratung über und Absicherung von Unternehmensrisiken.
Rechtsberatung	Notare, Patentanwälte	Beratung bei Rechtsfällen und Rechtsver-tretung.
Logistik	Softwareentwickler und -berater, Facility Manager	Entwicklung, Implementierung, Beratung und Instandhaltung von spezifischer technischer Ausrüstung für Unternehmen.
Werbung	Werbeberater	Beratung über Werbekonzepte und -aktionen.
Design	Marken- und Produktdesigner, Architekten, Grafiker	Beratung über und Gestaltung des äusseren Auftritts von Unternehmen.

Tab. 8: Untersuchte Teilbranchen der wissensintensiven Ökonomie
Quelle: Eigene Darstellung

schliesst hier an. Es analysiert die verborgene Raumentwicklung im Kontext unterschiedlicher Parameter und wendet sich im Spezifischen der Rolle der wissensintensiven Ökonomien zu. Die in Kapitel 3 vorgestellten Ergebnisse sind Teil des internationalen Forschungsprojektes «Polynet» (vgl. Kapitel 1). Innerhalb der internationalen Forscherteams wurde die Einigung erzielt, sich bei den unterschiedlichen methodisch-empirischen Schritten auf einen gemeinsamen Ausschnitt der wissensintensiven Ökonomien zu konzentrieren. Dadurch sollte eine einheitliche Sprache sowie die grösstmögliche Datenharmonisierung erzielt werden. *Tabelle 8* führt die einzelnen ausgewählten Teilbranchen auf und gibt eine kurze Definition der Tätigkeiten.

Wie in Kapitel 3 verdeutlicht werden wird, sind die in *Tabelle 8* abgebildeten Teilbranchen innerhalb der Metropolregion Nordschweiz in acht Agglomerationen untersucht worden. (vgl. *Abbildung 4*, Kapitel 2.2.4). Es handelt sich um jene acht Agglomerationen innerhalb der Metropolregion Nordschweiz, die die höchsten Beschäftigtenzahlen in den summierten APS- Branchen aufweisen.

3 Sichtbarmachen der verborgenen Raumentwicklung

Manche räumlichen Zusammenhänge bestehen, wie in den einführenden Kapiteln gezeigt, im Verborgenen. Sie sind nicht direkt im Raum sichtbar, sondern offenbaren ihre räumliche Wirkung erst in ihren späteren Konsequenzen. Das kann beispielsweise bei wachsenden Spezialisierungen von Wirtschaftsstandorten geschehen, wenn in der Folge neue Infrastrukturen nötig werden. Damit ein breites Publikum überhaupt über diese verborgenen Zusammenhänge diskutieren kann, müssen sie sichtbar gemacht werden. Dieses Kapitel versucht eine Annäherung an diese komplexe Aufgabe. Was für funktionale und räumliche Strukturen zeichnen die Metropolregion Nordschweiz aus, und welche Prozesse führen dazu?

3.1 Wie kann die Raumentwicklung im Verborgenen entdeckt werden?

Räumliche Entwicklungszusammenhänge, so die Vermutung, sind nicht immer so offen erkennbar, wie das zum Beispiel bei Verkehrsinfrastruktur der Fall ist. Besonders, wenn es um Zusammenhänge geht, die durch den Austausch von Wissen bestehen, finden verborgene Prozesse statt. Das passiert zum Beispiel bei Kooperationen zwischen Firmen an verschiedenen Standorten. Durch die wachsende Vielfalt der wirtschaftlichen Aktivitäten werden die Prozesse der räumlichen Entwicklung nun immer komplexer. Sehr zentral sind hier die immer bedeutender werdenden wissensintensiven Branchen. Ferner verändert sich durch neue Transport- und Kommunikationsmöglichkeiten die Bedeutung von räumlichen Distanzen. Viele wirtschaftliche Aktivitäten lösen sich von ihrer lokalen Verankerung, andere dagegen sind an ganz bestimmte Standorte gebunden. Während beispielsweise Banken einfache Arbeiten in Backoffices an sehr verschiedenen Standorten an den Rändern von Agglomerationen erledigen, so sind die leitenden Tätigkeiten der Banken fast immer in Innenstadtlagen angesiedelt.

Ursachen und Wirkungen der räumlichen Entwicklung sind dadurch immer schwieriger zu erkennen. Lokale Entwicklungen können ihre Ursachen in Entscheidungen und Handlungen finden, die in grosser Entfernung geschehen. Trends in der Finanzbranche werden zum Beispiel in London oder New York geboren und in der Schweiz umgesetzt. Jedoch fliessen dabei auch weiterhin lokale Faktoren mit ein. Prozesse geschehen auf verschiedenen Massstabsebenen: lokal, regional, interregional, national, europäisch oder global. Zahlreiche weitere Zwischenstufen und verschiedenste räumliche Abgrenzungen sind denkbar. Die vorliegende Studie konzentriert sich auf die Ebene der Metropolregion, im Bewusstsein, dass viele Prozesse mit anderen räumlichen Ebenen verflochten sind, was im kleinen Rahmen dieser Publikation aber nicht vollständig abgedeckt werden kann.

Die folgenden Kapitel geben einen Einblick in die komplexen Prozesse der räumlichen Entwicklung der Metropolregion Nordschweiz. Um einen Ausschnitt der Realität dieser Metropolregion zu bilden, wurden die nach Arbeitsplätzen in wissensintensiven Dienstleistungen acht grössten Agglomerationen exemplarisch untersucht und verglichen. In Kapitel 3.2 wird anhand von grossräumigen Pendlerstrukturen gezeigt, wie die Auswirkungen physisch-räumlicher Zusammenhänge auf die Raumentwicklung einzuschätzen sind. In Kapitel 3.3 werden die räumlichen Muster aufgezeigt, die durch Unternehmensbeziehungen in wissensintensiven Branchen entstehen. Dabei geht es vor allem um die räumlichen Muster wissensintensiver Tätigkeiten und die daraus resultierenden verschiedenen Funktionen und hierarchischen Positionen der Zentren der Metropolregion Nordschweiz.

Design und Methodik des INTERREG III B-Projektes «Polynet»
Der Charakter des Projekts stützt sich auf drei Eigenschaften:

Innovativ: Die Studie untersucht das Forschungsthema erstmals in der Schweiz aus der Sicht von wissensintensiven Dienstleistungsunternehmen (Advanced Producer Services APS). Die Basis dazu ist eine internet-basierte Unternehmensbefragung.

Explorativ: Mit dem Thema der Raumwirkung wissensintensiver Dienstleistungen in Metropolregionen erschliesst das Projekt bisher nur wenig behandelte Forschungsgebiete.

Interaktiv: Bei der Gestaltung des Projekts spielen lokale, regionale und nationale Interessenvertreter aus Politik, Planung und Wirtschaftsförderung eine grosse Rolle.

Die Untersuchung arbeitet mit vier methodischen Elementen:
Pendleranalyse: Die Untersuchung von Pendelmustern konzentriert sich auf die Ebene der Metropolregion, also auf das Pendeln über grosse Distanzen, das Agglomerationsgrenzen überschreitet. Lokale Pendelmuster, also innerhalb von Agglomerationen, sind nicht Gegenstand der Untersuchung. Die Studie zeigt grossräumig, welche Rolle physische Vernetzungen für die Herausbildung der Metropolregion Nordschweiz spielen.

Firmeninterne Standortnetze: Unter Verwendung der Methodik der «Globalization and World Cities Study Group» (GaWC) (Taylor et al. 2002) misst die Studie die Integration von Agglomerationen in regionale, nationale und internationale Standortnetzwerke von APS-Unternehmen. Eine Agglomeration erhält eine hohe Anzahl Punkte, wenn die dort ansässigen APS-Unternehmen weitere Niederlassungen in wichtigen Zentren der Weltwirtschaft haben. Agglomerationen mit hohen Punktzahlen besitzen ein hohes Potenzial, in tatsächlichen Vernetzungen zwischen Agglomerationen integriert zu sein. Sie können wahrscheinlich in hohem Masse von der Entwicklung des APS-Sektors profitieren. Agglomerationen mit tiefen Punktzahlen laufen dagegen Gefahr, von diesen Entwicklungen abgekoppelt zu werden.

Kommunikationsnetze: Anhand der Untersuchung von Quell- und Zielorten von Geschäftsreisen, E-Mails, Telefonaten oder Videokonferenzen der APS-Unternehmen vertieft die Studie das Wissen über Vernetzungen zwischen Agglomerationen zusätzlich.

Firmenexterne Kooperation: In einer internetbasierten Befragung und in mündlichen Interviews erfasst die Studie räumliche Muster der regionalen, nationalen und internationalen Zusammenarbeit zwischen APS-Unternehmen. Im Gegensatz zu den firmeninternen Netzwerken zeigt die Studie damit nicht nur das Potenzial für, sondern das tatsächliche Vorhandensein von Vernetzungen zwischen Agglomerationen.

Innerhalb der Metropolregion Nordschweiz sind acht Agglomerationen ausgewählt worden, die in der vorliegenden Studie genauer untersucht sind (siehe Abb. 4). Es handelt sich um die acht Agglomerationen innerhalb der Metropolregion Nordschweiz mit den höchsten Beschäftigtenzahlen in APS-Branchen.

3.2   Pendeln in der Metropolregion Nordschweiz

Die räumliche Analyse von Pendelmustern ist ein bekanntes Mittel, um mit relativ geringem Aufwand einen groben Überblick über mögliche funktionale Zusammenhänge in einem Untersuchungsraum zu erhalten. Voraussetzung sind geeignete Rohdaten. Ein weiterer Vorteil ist der hohe Bekanntheitsgrad des Indikators Pendeln, den fast jede und jeder aus eigener Erfahrung kennt und der deshalb für ein breites Publikum gut verständlich ist.

Jedoch sollten auch die Grenzen der räumlichen Pendleranalyse beachtet werden. Quantitative Pendleranalysen sind besonders dann nicht ausreichend, wenn funktionale räumliche Zusammenhänge analysiert werden sollen. So sind meistens nur Start und Ziel der Reisenden bekannt, jedoch nicht deren Motivation, diese Reise auf sich zu nehmen. Speziell für raumplanerische Fragen wäre es jedoch interessant zu wissen, wieso jemand einen weiten Arbeitsweg auf sich nimmt. Es ist deshalb aus rein quantitativen Pendlerdaten nicht ersichtlich, ob Pendelmuster Folge oder Ursache von funktional verflochtenen Räumen sind. Die folgenden Ausführungen müssen deshalb vor diesem Hintergrund gelesen werden, im Bewusstsein, dass die Pendelmuster lediglich Hinweise auf funktionale Regionen liefern können, jedoch keine Abbildungen von diesen sind.

3.2.1 Pendeln: sichtbare Spuren der Metropolregion?

Im Jahr 1984 legte eine durchschnittliche in der Schweiz wohnhafte Person täglich 29,4 Kilometer zurück. Im Jahr 2000 waren es 38,2 Kilometer. Der grösste Anteil an dieser Zunahme ist dem Freizeitverkehr zuzuschreiben, der von 11,9 auf 16,6 Kilometer pro Person und Tag angewachsen ist. Aber auch der Arbeits- und Ausbildungsverkehr wuchs von 8,7 auf 10,9 Kilometer (Bundesamt für Raumentwicklung und Bundesamt für Statistik 2001). Die letztgenannten Bewegungsmuster werden wegen ihrer regelmässigen Wiederholung als «Pendeln» bezeichnet. Zwar wird für diesen Verkehrszweck nur ein gutes Viertel aller Verkehrswege zurückgelegt, trotzdem ist das Pendeln das statistisch am besten untersuchte Verkehrsverhalten und der wichtigste Indikator dafür, wie die Menschen verschiedenen Orten unterschiedliche Funktionen zuteilen. Die eingangs erwähnten Zahlen zeigen, dass die Distanzen zwischen diesen Orten stark wachsen.

Es sind zwei Hauptfaktoren, die diese Entwicklung an ihren Ursprüngen antreiben. Einerseits die markante Verbesserung der Reisemöglichkeiten durch technische und infrastrukturelle Fortschritte. Andererseits neue Ansprüche an den Lebensstandard, vor allem an das Wohnumfeld. Während die Nähe zum Arbeitsplatz an Bedeutung verliert, wird der Wunsch nach einer bestimmten individuellen Wohnlage bestimmend. Somit erfolgt die Wahl des Wohnortes, zumindest innerhalb einer gewissen Distanz, zunehmend unabhängig vom Arbeitsort und dem entsprechenden Arbeitsweg.

Sehr häufig besteht der Wunsch nach einem Wohnort «im Grünen» oder in dörflicher Umgebung sowie nach günstigem und grosszügigem Wohneigentum, weshalb viele Haushalte aus den verstädterten Gebieten an entsprechende neue Wohnstandorte ziehen. Die Arbeitsplätze befinden sich jedoch selten in der Nähe dieser neuen Wohnstandorte, wodurch es zu wachsenden Pendlerbewegungen kommt. Zum grossen Teil führen diese Bewegungen in die Kerne des Siedlungsgebietes, wo sich nach wie vor die meisten Arbeitsplätze befinden. Im Jahr 2001 arbeiteten 78,3 Prozent der erwerbstätigen Schweizer Bevölkerung in Kernzonengemeinden (Bundesamt für Raumentwicklung 2003).

Mit der hohen Nachfrage nach Wohnen in ländlicher oder dörflicher Umgebung beginnt diese durch den Bevölkerungszuwachs und veränderte Lebensstile selber zu verstädtern. Dem Wunsch nach ländlicher Lebensqualität kann dann nicht mehr entsprochen werden. Mit der Zeit müssen also immer wieder neue Standorte in oft noch grösserer Entfernung von den Arbeitsplätzen aufgesucht werden, um das gewünschte Wohnumfeld zu finden. Es sind bezeichnenderweise die Gemeinden der äussersten Gürtel der Agglomerationen, die das grösste Bevölkerungswachstum der Schweiz verzeichnen (Bundesamt für Raumentwicklung 2003). In der Folge wachsen die Pendlerdistanzen, und die Besiedlung immer neuer Flächen schreitet voran. Die Folgen sind stark steigende Infrastrukturkosten (Bundesamt für Raumentwicklung 2000), zunehmende und sich räumlich ausdehnende Verkehrsprobleme und eine flächendeckende Abnahme der Lebensqualität.

Das Pendeln ist jedoch nicht nur ein Phänomen mit sichtbaren räumlichen Auswirkungen, sondern steht auch in Zusammenhang mit den wirtschaftlichen Entwicklungsmöglichkeiten von Regionen. Im internationalen Wettbewerb um Unternehmen und qualifizierte Arbeitskräfte ist es für Standorte ein Vorteil, nicht nur attraktive Arbeitsplätze, sondern auch eine hohe Wohnqualität anbieten zu können. Dank der landesweit ausgezeichneten Verkehrsinfrastruktur können sich Arbeitsplatzregionen ohne attraktive Wohngebiete und Wohnregionen ohne attraktive Arbeitsplätze gegenseitig ergänzen. Um jedoch eine unkontrollierte Siedlungsentwicklung und zu grosse Verkehrsbelastung zu verhindern, muss diese Logik der Komplementarität in einer koordinierten regionalen Raumentwicklungspolitik eingebettet sein.

3.2.2   Metropolitanes Pendeln zwischen Agglomerationen

Der Grossteil der Pendlerbewegungen findet zwischen den Kerngebieten der Agglomerationen und der zugehörigen näheren Umgebung innerhalb der und um die Agglomerationen statt. Diese zunehmenden lokalen Verflechtungen und der dadurch wachsende Verkehr stellen die Raumplanungspolitik vor grosse Herausforderungen. Entsprechend gross ist die öffentliche Aufmerksamkeit für Verkehrsfragen auf dieser räumlichen Massstabsebene, was lokale Projekte wie die Stadtbahn Glatttal im Norden der Stadt Zürich oder die Stadtbahn in der Agglomeration Zug zeigen. Jedoch beweist die bisherige Entwicklung wachsender Pendlerdistanzen, dass sich nicht nur Pendlerbewegungen innerhalb und um, sondern auch zwischen den Agglomerationen bilden.

Eine erste Antwort auf diese Entwicklung bieten die statistisch definierten «Metropolitanräume» (Bundesamt für Raumentwicklung 2004). Für deren Abgrenzung werden alle kleineren Agglomerationen einer Kernagglomeration zugeordnet, wenn der Prozentsatz an Wegpendlern in diese Kernagglomeration mindestens 8,3 Prozent beträgt. Daraus ergeben sich in der Schweiz die fünf «Metropolitanräume» Zürich, Bern, Basel, Genève-Lausanne und Tessin, die als «Agglomerationen der Agglomerationen» verstanden werden können. Die Metropolitanräume sind inzwischen mehr als statistische Einheiten. Sie haben bereits Eingang in die Planungspraxis des Bundes gefunden. Das Bundesamt für Raumentwicklung (2005) anerkennt die Metropolitanräume in seinem Raumentwicklungsbericht als reale Zusammenhänge.

Hier soll nun untersucht werden, ob auch zwischen weiter entfernten Agglomerationen relevante Pendlerbewegungen bestehen. Die *Abbildungen 8 und 9* sowie die *Tabellen 9 und 10* zeigen die Pendlerzahlen für die jeweils

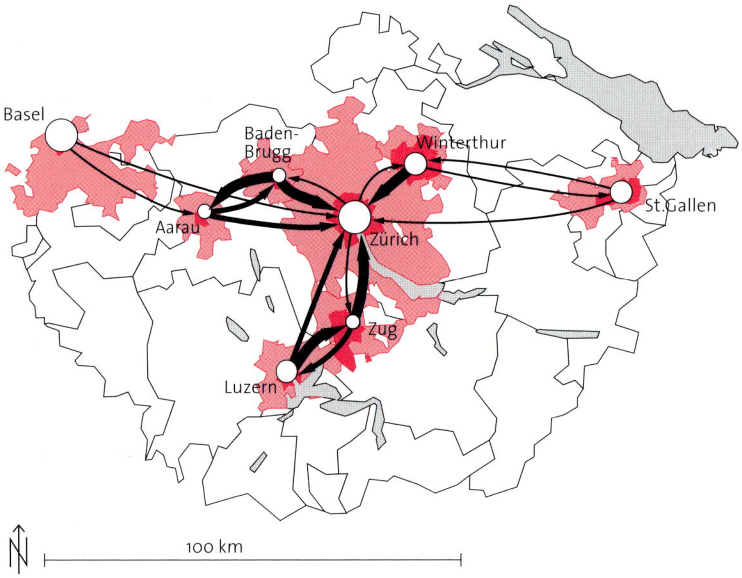

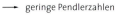

geringe Pendlerzahlen

mittlere Pendlerzahlen

hohe Pendlerzahlen

100 km

Abb. 8: Pendeln zwischen Agglomerationen 1990 (Pendlerzahlen unter 1 Promille des Durchschnitts der Beschäftigtenzahlen der Quell- und Zielagglomeration sind nicht eingezeichnet) Quelle: Eigene Darstellung; Daten: Bundesamt für Statistik 1990

	Winterthur	Zürich	Luzern	Zug	Basel	St. Gallen	Aarau	Baden-Brugg
Winterthur	--	1441	24	13	41	260	21	50
Zürich	8188	--	1921	3273	1102	888	1404	6610
Luzern	11	209	--	805	86	18	27	26
Zug	37	775	3226	--	46	18	22	45
Basel	27	280	121	40	--	45	141	124
St. Gallen	114	132	16	5	18	--	11	8
Aarau	16	221	39	22	170	3	--	614
Baden-Brugg	53	1023	33	40	132	14	563	--

Tab. 9: Anzahl Pendler zwischen den Agglomerationen (jeweils die zehn grössten Gemeinden bzgl. Bewohner und Beschäftigte), Jahr 1990. Waagrecht: Wohnort, senkrecht: Arbeitsort Quelle: Bundesamt für Statistik 1990

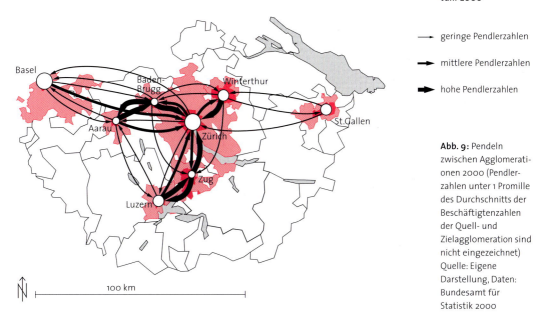

Jahr 2000

→ geringe Pendlerzahlen

➤ mittlere Pendlerzahlen

➤ hohe Pendlerzahlen

Abb. 9: Pendeln zwischen Agglomerationen 2000 (Pendlerzahlen unter 1 Promille des Durchschnitts der Beschäftigtenzahlen der Quell- und Zielagglomeration sind nicht eingezeichnet) Quelle: Eigene Darstellung, Daten: Bundesamt für Statistik 2000

	Winterthur	Zürich	Luzern	Zug	Basel	St. Gallen	Aarau	Baden-Brugg
Winterthur	--	2512	30	51	56	329	25	84
Zürich	12 476	--	2402	4812	1929	1374	2028	7286
Luzern	24	422	--	1992	107	17	110	41
Zug	88	1434	4643	--	83	38	52	107
Basel	74	654	189	84	--	48	298	257
St. Gallen	430	287	14	15	24	--	7	12
Aarau	36	539	109	47	339	12	--	1014
Baden-Brugg	137	1670	56	66	200	13	915	--

Tab. 10: Anzahl Pendler zwischen den Agglomerationen (jeweils die zehn grössten Gemeinden bzgl. Bewohner und Beschäftigte), Jahr 2000. Waagrecht: Wohnort, senkrecht: Arbeitsort Quelle: Bundesamt für Statistik 2000

zehn grössten Gemeinden in jeder Agglomeration. Die Abgrenzung erfolgte mit Hilfe der Beschäftigten- und Einwohnerzahlen. Dadurch werden die deutlichen Grössenunterschiede zwischen den Agglomerationen etwas ausgeblendet, und es wird eine bessere Vergleichbarkeit ermöglicht.

Als Erstes stellt sich die grundsätzliche Frage, ob sich aus den Pendelmustern die funktionale Metropolregion Nordschweiz erkennen lässt. Aus den *Abbildungen 8 und 9* und den *Tabellen 9 und 10* wird klar, dass diese Frage nicht generell mit ja oder nein beantwortet werden kann. Zwar finden tatsächlich zwischen allen acht untersuchten Agglomerationen Pendlerbewegungen statt, jedoch sind die Unterschiede sehr gross. Das Bild wird sehr deutlich von Zürich dominiert. Aus allen Agglomerationen, auch aus weiter entfernten, fahren bedeutende Zahlen an Pendlern nach Zürich. Deutliche Pendlerströme gibt es auch zwischen einigen direkt benachbarten Agglomerationen, vor allem zwischen Zug und Luzern und zwischen Aarau und Baden-Brugg.

Zwischen den übrigen Agglomerationen jedoch sind die Zahlen eher niedrig bis vernachlässigbar klein. Pendlerströme, die nicht auf Zürich gerichtet sind, sind von geringer Bedeutung. Selbst die erwähnten Pendlerbeziehungen zwischen benachbarten Agglomerationen liegen auf Hauptverkehrsachsen, die nach Zürich führen. Das bedeutet, dass Zürich das klare Pendlerzentrum in der Metropolregion Nordschweiz bildet.

Dieses Muster erscheint ebenso deutlich bei der Betrachtung der Pendlerentwicklung zwischen 1990 und 2000. Die *Abbildungen 8 und 9* und die *Tabellen 9 und 10* zeigen, dass fast sämtliche Pendlerströme in beiden Richtungen wachsen. So hat Zürich nicht nur als Pendlerziel, sondern auch als Pendlerquelle steigende Zahlen zu verzeichnen. Besonders interessant ist, dass Basel stärker mit den anderen Agglomerationen im Schweizer Mittelland verflochten wird und den Charakter eines isolierten Pendlerraums tendenziell verliert. So pendelten im Jahr 1990 aus den grössten zehn Gemeinden der Agglomeration Basel noch 1102 Personen nach Zürich, im Jahr 2000 waren es bereits 1929 Personen. Gewachsen sind auch die Pendlerströme zwischen den direkt benachbarten Agglomerationen Aarau und Baden-Brugg sowie Luzern und Zug.

3.2.3 Anderes Pendeln in wissensintensiven Branchen?

Rein quantitative Pendlerdaten lassen keine Schlüsse auf die Gründe für das zunehmende Pendeln zu. Diesem Problem soll in diesem Kapitel mit einer Analyse des branchenspezifischen Pendlerverhaltens entgegnet werden. Hermann, Heye und Leuthold (2005) haben in einer Studie die Unterschiede im Pendlerverhalten von Beschäftigten in APS-, High-Tech- und übrigen Branchen untersucht. Die vorausgehende Vermutung lautete, dass Beschäftigte in APS- und High-Tech-Branchen für ihren Arbeitsweg einen grösseren Zeitaufwand auf sich nehmen und häufiger von den Rändern der Agglomerationen oder den ländlichen Räumen in die Kernstädte und Agglomerati-

Schnitt aller Branchen	High-Tech-Branche	APS	Restliche Erwerbspersonen
26,9	26,2	30,1	24,5
100,0%	97,2%	111,9%	90,1%

onen pendeln als die Beschäftigten anderer Branchen und dass sich diese Unterschiede seit 1990 zusätzlich verstärkt haben. Diese Annahme wurde damit begründet, dass Beschäftigte dieser Branchen meist gute finanzielle Möglichkeiten haben und sich deshalb ihr Domizil entsprechend frei auswählen können, wobei vor allem Familien häufig Orte in grüner Umgebung wählen. Gleichzeitig konzentrieren sich die Arbeitsorte dieser Beschäftigten zu grossen Teilen in den Kernstädten.

Tab. 11: Zeitbedarf für den Arbeitsweg in Minuten (2000) Quelle: Hermann et al. 2005

Die Analyse kann keine genaue Aussage darüber machen, ob sich die Pendlerräume auch räumlich in die periurbanen und ländlichen Räume ausdehnen, oder ob sie sich dort nur verdichten. Zwar wurde auch der Zeitbedarf für das Pendeln untersucht, dieser sagt jedoch nur wenig über die tatsächlichen Distanzen der Arbeitswege aus. Daten zu diesen Distanzen standen für diese Analyse nicht zur Verfügung. Bei einer Bestätigung der vorausgehenden Vermutung ist die Schlussfolgerung deshalb lediglich, dass das Wachstum wissensintensiver Branchen zur Zunahme der Pendlerbewegungen zwischen ländlichen Gemeinden und Kernstädten sowie Agglomerationsgemeinden führt. Exakte räumliche Aussagen können nicht gemacht werden.

Pendeln APS-Beschäftigte grundsätzlich länger als Beschäftigte anderer Branchen? Tatsächlich ist der durchschnittliche Zeitaufwand für den Arbeitsweg bei Beschäftigten in wissensintensiven Dienstleistungen im Jahr 2000 um fast ein Sechstel höher als bei Beschäftigten in anderen Branchen (siehe Tab. 11). Bei den Beschäftigten in High-Tech-Branchen findet man ebenfalls lange Arbeitswege, jedoch weniger ausgeprägt als bei den APS-Branchen. Bei Beschäftigten in wissensintensiven Dienstleistungsbranchen ist der Anteil an Arbeitswegen über eine Stunde fast doppelt so hoch wie bei anderen Branchen. Gleichzeitig schrumpfte der Anteil der Arbeitswege unter 15 Minuten bei den wissensintensiven Branchen um fast die Hälfte und somit deutlich stärker als bei den anderen Branchen (Hermann et al. 2005).

Beschäftigte in wissensintensiven Dienstleistungsbranchen, aber auch High-Tech-Beschäftigte, überqueren zudem auf ihren Arbeitswegen häufiger als andere Beschäftigte Agglomerationsgrenzen. Während das in diesen Berufen bei 16,4 Prozent der Fälle zutrifft, sind es bei den anderen Beschäftigten 11,0 Prozent. Diese Differenz hat sich erst seit 1990 herausgebildet (Hermann et al 2005). Das ist ein Hinweis darauf, dass Beschäftigte neu entstandener Branchen ein neues, grossräumigeres, Pendlerverhalten

Branche	Anteil der in einer ländlichen Gemeinde Wohnenden		Pendlerweg von ländlicher Gemeinde in ländliche Gemeinde		Pendlerweg von ländlicher in Agglomerationsgemeinde		Pendlerweg von ländlicher Gemeinde in Kernstadt	
	1990	2000	1990	2000	1990	2000	1990	2000
High-Tech	30,3% (100,0%)	19,2% (100,0%)	17,4% (57,4%)	6,9% (35,9%)	6,7% (22,1%)	7,4% (38,5%)	6,3% (20,8%)	4,8% (25,0%)
APS	23,9% (100,0%)	16,6% (100,0%)	11,5% (48,1%)	6,4% (38,6%)	3,8% (15,9%)	4,0% (24,1%)	8,6% (36,0%)	6,2% (37,3%)
Übrige	34,1% (100,0%)	24,8% (100,0%)	24,2% (71,0%)	15,1% (60,9%)	5,1% (15,0%)	5,3% (21,4%)	4,7 % (13,8%)	4,4% (17,7%)
Alle	32,3% (100,0%)	22,9% (100,0%)	21,9% (67,8%)	13,0% (56,8%)	5,0% (15,5%)	4,7% (20,5%)	5,4% (16,7%)	4,7% (20,5%)

Tab. 12: Pendlerbewegungen von ländlichen Gemeinden (2000 und 1990) Quelle: Hermann et al. 2005

zeigen. Die Pendlerbewegungen zwischen ländlichen Gemeinden und Agglomerationsgemeinden beziehungsweise Kernstädten sind für 1990 und 2000 in der *Tabelle 12* dargestellt.

Auffallend ist zuerst, dass die Anteile der in ländlichen Gemeinden Wohnenden zwischen 1990 und 2000 kleiner wurden. Das bedeutet nicht etwa rückläufige Bevölkerungszahlen in diesen Gemeinden. Gemeinden werden in der offiziellen Schweizer Statistik als ländlich bezeichnet, wenn sie keiner Agglomeration angehören. Die Ursache für die schrumpfenden Anteile liegt nun darin, dass immer mehr Gemeinden neu zu Agglomerationen gezählt werden und damit die Anzahl als ländlich kategorisierter Gemeinden zurückgeht. So zählte die Agglomeration Zürich im Jahr 1990 noch 101 Gemeinden, im Jahr 2000 waren es bereits 132 Gemeinden. Viele dieser Gemeinden wurden von ländlichen zu Agglomerationsgemeinden und machen den Vergleich zwischen entsprechenden Daten von 1990 und 2000 schwierig. Deshalb sind in *Tabelle 12* die Prozentzahlen in Klammern sehr aufschlussreich, da sie dieses Problem dank einer Indexierung ausblenden und so die Veränderungen innerhalb der einzelnen Kategorien unabhängig von den uneinheitlichen Gesamtheiten hervorheben können.

16,6 Prozent der Beschäftigten wissensintensiver Branchen wohnen im Jahr 2000 in Gemeinden ausserhalb der Agglomerationen. Das sind zwar anteilsmässig weniger als bei den Beschäftigten anderer Branchen. Von dieser Gruppe pendelt aber ein hoher Anteil zur Arbeit in Kernstädte, nämlich 37,3 Prozent. Bei den High-Tech-Branchen sind es nur 25 Prozent, bei den übrigen Branchen gar nur 17,7 Prozent. Beschäftigte wissensintensiver Dienstleistungsbranchen mit Wohnsitz in ländlichen Gemeinden arbeiten also, so kann man daraus schliessen, häufiger als andere Beschäftigte nicht in der näheren Umgebung ihres Wohnsitzes, sondern in den weiter entfernten Kernstädten. Bei der diesbezüglichen Entwicklung seit 1990 ist festzustellen,

Branche	Anteil der in einer Kernstadt Wohnenden		Anteil der in einer Kernstadt Arbeitenden		Pendlerweg innerhalb Kernstadt		Pendlerweg zwischen zwei Kernstädten	
	1990	2000	1990	2000	1990	2000	1990	2000
High-Tech	23,0% (100,0%)	21,9% (100,0%)	39,1% (170,0%)	37,5% (171,2%)	15,8% (68,7%)	13,2% (60,3%)	1,5% (6,5%)	2,2% (10,0%)
APS	29,7% (100,0%)	29,8% (100,0%)	60,3% (203,0%)	58,8% (197,3%)	24,9% (83,8%)	23,9% (80,2%)	2,9% (9,8%)	3,9% (13,1%)
Übrige	27,3% (100,0%)	25,0% (100,0%)	38,2% (139,9%)	39,8% (159,2%)	20,0% (73,3%)	18,9% (75,6%)	1,5% (5,5%)	2,0% (8,0%)
Alle	27,5% (100,0%)	25,8% (100,0%)	41,7% (151,6%)	43,3% (167,8%)	20,6% (74,9%)	19,6% (76,0%)	1,7% (6,2%)	2,4% (9,3%)

dass dieses Muster Bestand hat. Allerdings verschieben sich die Anteile so, dass sich die High-Tech- und übrigen Branchen den APS- Branchen langsam annähern (Hermann et al. 2005).

Auch die Pendlerbewegungen zwischen den Kernstädten verschiedener Agglomerationen sind interessant, da sie Hinweise auf grossräumige, metropolitane Verflechtungen geben (Tab. 13). Ein hoher Anteil von 29,8 Prozent aller APS-Beschäftigten lebt im Jahr 2000 in den Kernstädten. Über 80 Prozent der in den Kernstädten wohnenden APS-Beschäftigten arbeitet auch in der gleichen Kernstadt. Immerhin 13,1 Prozent pendeln aber von der eigenen in eine andere Kernstadt, wohnen und arbeiten also in zwei verschiedenen Kernstädten.

Das ist ein deutlich höherer Anteil als in den anderen Branchen, der zudem zwischen 1990 und 2000 stark angestiegen ist. APS-Beschäftigte sind somit auch dann bezüglich Pendeln mobiler als andere Beschäftigte, wenn sie in Kernstädten leben.

Die Vermutung, dass neue Arbeitsplätze in APS-Branchen räumlich in Zentren konzentriert liegen, während die Wohnstandorte dieser Beschäftigten öfter als bei Beschäftigten anderer Branchen in den ländlichen oder periurbanen Räumen liegen, lässt sich nicht widerlegen. Davon ausgehend, dass dieses Muster in Zukunft bestehen bleibt, kann man folgendes Fazit ziehen: Wachsen die Beschäftigtenzahlen in den wissensintensiven APS-Branchen künftig weiter, trägt dies wahrscheinlich zu einer Zunahme der Pendlerbewegungen zwischen dem ländlichen Raum und den städtischen Gebieten, vor allem den Kernstädten, bei. Möglicherweise führt dies auch zu einer weiteren räumlichen Ausdehnung der Pendlerregionen, was aber durch diese Analyse nicht abschliessend belegt werden kann. Denkbar ist auch, dass es lediglich innerhalb der bestehenden Pendlerräume zu Verdichtungen kommt.

Tab. 13: Pendlerbewegungen zwischen Kernstädten (2000 und 1990) Quelle: Hermann et al. 2005

Für das gesamte Bild der Pendelmuster müssen auch die Beschäftigten der übrigen Branchen hinzugezogen werden. Bei diesen spielen tangentiale Pendlerbewegungen eine grosse Rolle, die nicht in die Zentren führen, sondern zum Beispiel von ländlichen in andere ländliche Gemeinden (siehe Tab. 12). Diese überlagern sich mit den radialen Pendlerbewegungen und machen die Pendelmuster der Nordschweiz noch komplexer. Umso notwendiger wird es in Zukunft sein, die Verkehrsinfrastrukturen und Siedlungsentwicklung für Wohn- und Arbeitsorte nach Kriterien ökonomischer und ökologischer Tragfähigkeit miteinander abzustimmen.

3.2.4 Komplexe Pendlerregion Nordschweiz

Die Entwicklung der «Pendlerlandschaft» Nordschweiz verläuft heterogen. Nachweisbar ist, dass die Pendlerbewegungen über lange Distanzen, also zum Beispiel zwischen verschiedenen Agglomerationen, zunehmen. Deutlich dargelegt wurde oben auch, dass die Bedeutung der Grossagglomerationen Zürich und Basel als Ziel weiträumiger Pendlerbewegungen zunimmt. Weniger deutlich ist das Bild bei den mittleren und kleineren Agglomerationen. Zwar bilden sich einige starke Sub-Zentren wie die Agglomeration Zug heraus, die sich selber als Pendlerziele etablieren konnten. Andere kleinere Agglomerationen werden dagegen immer mehr zu Teilen der Einzugsgebiete der Grossagglomerationen. Hier ist Winterthur ein bezeichnendes Beispiel, das eine grosse und stark wachsende Zahl an Wegpendlern in die Agglomeration Zürich verzeichnet (siehe Tab. 9 und 10).

Diese Entwicklungen hängen teilweise mit Verbesserungen der Verkehrsinfrastruktur zusammen. So nimmt der Zeitbedarf der Benutzer des motorisierten Individualverkehrs leicht ab. Gleichzeitig nimmt der Zeitbedarf der Bahnbenutzer aber zu, obwohl auch im Bahnverkehr die Reisezeiten von A nach B ständig verkürzt werden (Bundesamt für Statistik 2004). Da also auch weiterhin von wesentlichen Teilen der Beschäftigten immer längere Arbeitswege in Kauf genommen werden, scheinen individuelle Ansprüche bezüglich der Qualität der Wohnstandorte wichtige Faktoren zu sein. Dabei zeigt sich, dass Beschäftigte in wissensintensiven Dienstleistungsbranchen eher als andere Beschäftigte zwischen periurbanen bzw. ländlichen Gemeinden und den Kernstädten pendeln.

Angesichts der im Vergleich zur gesamten Beschäftigung noch relativ geringen Beschäftigtenzahlen im wissensintensiven Dienstleistungssektor kann darin noch nicht der Hauptgrund für sich ausdehnende Pendlerräume und Zersiedelung gesehen werden. Jedoch wird dadurch die länger bekannte, beispielsweise von Dümmler et al. (2004) gemachte Feststellung unterstützt, dass sich Funktionen mit dem Bedeutungsgewinn wissensintensiver wirtschaftlicher Tätigkeiten räumlich neu organisieren. Demnach findet Zuwachs an Arbeitsplätzen vor allem in wenigen grossen Städten mit ihren Agglomerationen statt, wo sich neue, wissensintensive Branchen bevorzugt niederlassen. Andere Zentren oder Regionen, insbesondere diejenigen ausserhalb der Agglomerationen, tendieren eher dazu, Arbeitsplätze zu verlieren und dafür bezüglich Wohnbevölkerung zu wachsen. Wohnstandorte verteilen sich so immer weiter in den Umlandgebieten der grossen Zentren, zunehmend entfernt von den Standorten der Arbeitsplätze.

Neben der zu erwartenden weiteren Zersiedlung der Landschaft ist dabei die Verkehrsentwicklung problematisch. Bei den Pendlerbewegungen zwischen Kernstädten beziehungsweise Zentrumsgebieten und nichtzentralen Gemeinden in grösseren Distanzen nimmt der Anteil des motorisierten Individualverkehrs zu (Bundesamt für Statistik 2004). Somit wächst die Verkehrsbelastung durch motorisierten Individualverkehr nicht nur in den Zentren und auf den Hauptachsen, die zu diesen führen. Auch mit einer flächenhaften Mehrbelastung im weiten Umland muss gerechnet werden.

Diese Entwicklung gefährdet die Umweltqualität des Lebensraums Nordschweiz (Bundesamt für Raumentwicklung 2005). Durch die zunehmend flächenhafte Besiedlung entstehen ferner hohe Infrastrukturkosten, die sich nicht nur ökologisch, sondern auch wirtschaftlich auswirken, da sie sowohl die öffentliche, als auch die private Hand immer stärker finanziell belasten (Bundesamt für Raumentwicklung 2000).

Die Antwort der Raumplanung, die seit den 1970er Jahren das Prinzip der dezentralen Konzentration vorschlägt, muss vor diesem Hintergrund stark hinterfragt werden. Ohne Abstimmung zwischen den verschiedenen Gebietskörperschaften führt es zu einer unkoordinierten, problematischen Entwicklung: Während sich die Arbeitsplätze zunehmend in wenigen Zentren konzentrieren, verteilen sich die Wohnstandorte - und ebenso die Orte der Freizeit und der Versorgung - fast beliebig in zahlreichen Agglomerationen und periurbanen und ländlichen Räumen der Metropolregion Nordschweiz. Deshalb ist eine breite Anerkennung der Grossagglomerationen Zürich und Basel als grösste und dynamischste Arbeitsplatzgebiete mit grossregionaler Ausstrahlung notwendig, aus der eine gesamtregionale Koordination der Siedlungsentwicklung folgen muss.

3.3 Räumliche Muster der Netzwerke wissensintensiver Dienstleistungsunternehmen

Mit Pendelmustern gelingt es nur ansatzweise, die Metropolregion mit ihren verborgenen Zusammenhängen nachzuzeichnen. Pendlerdaten beruhen zu sehr auf physischen Bewegungen von Akteuren, die an gebaute Infrastrukturen gebunden sind. Dabei bleiben die eigentlichen Netzwerke zwischen den Akteuren verborgen. Wirtschaftliche Akteure bilden diese Netzwerke untereinander, um optimale Wertschöpfungsprozesse zu ermöglichen. Damit vernetzen sie auch die Standorte, an denen sie räumlich lokalisiert sind. Das bleibt nicht ohne Folgen für diese Standorte, die auf diese Weise spezialisiert werden können. Im Folgenden sollen die entsprechenden räumlichen Muster aufgedeckt werden. Sie entstehen durch Vernetzungen von Unternehmen, die über firmeninterne Strukturen oder über firmenexterne Beziehungen gebildet werden.

3.3.1 Metropolregionen als Knoten der globalen Vernetzung des Wissens

In den letzten Jahren sind die Thesen von «Global Cities» oder «Global City Regions», die von zahlreichen namhaften Autoren vertreten werden (Hall 2001, Sassen 2001, Camagni 2001), selbst über Fachkreise hinaus populär geworden. In diesen Thesen steht die Feststellung im Zentrum, dass wirtschaftlich relevantes Wissen an einigen Orten auf der Welt besonders verdichtet vorhanden ist. Es sind Orte mit guten Voraussetzungen zum Gewinn dieses Wissens. Hohe Konzentrationen von Forschungsinstitutionen oder führenden Unternehmen sind Wissensquellen direkt vor Ort. Auf der materiellen Seite schaffen hochrangige Verkehrsinfrastrukturen wie Flughäfen oder schnelle Bahn- oder Autoanbindungen direkte Vernetzungen mit entfernten Wissensquellen. Meistens handelt es sich nicht um einzelne Städte, sondern um regionale Verdichtungsräume, in denen mehrere Städte wirtschaftlich eng verknüpft sind. Sie werden, wie bereits in Kapitel 2 beschrieben, Metropolregionen genannt (Blotevogel 2001).

Es ist für eine nationale Wirtschaft entscheidend, dass sie die Voraussetzungen besitzt, um mit anderen globalen wirtschaftlichen Zentren Wissensaustausch betreiben zu können. Nur auf diese Weise kann eine Volkswirtschaft von globalen wirtschaftlichen Trends und globalem Wachstum profitieren (Friedmann 2001). Die wichtigsten Elemente sind dabei die Metropolregionen als Verknüpfungen mehrerer Zentren, die zusammen eine kritische Grösse erreichen, um die Infrastruktur bereitstellen zu können, die hochwertige Wissensproduktion und globalen Wissensaustausch ermöglicht.

Sind die standörtlichen Rahmenbedingungen für globale wirtschaftliche Vernetzungen gegeben, liegt es aber an den Unternehmen, sich an den Standorten anzusiedeln und sich tatsächlich wirtschaftlich zu vernetzen. Sie tun dies in der Regel mit dem Ziel der Wertschöpfungsoptimierung. Sie suchen sich die Standorte, von denen sie sich die besten Voraussetzungen für die Produktion und für den Austausch mit Kunden, Partnern oder auch Konkurrenten erhoffen, um eine hohe Wertschöpfung zu erzielen. So bilden sich räumliche Netze von Firmen-Niederlassungen, die zwar am lokalen Ort einzeln verankert sind, jedoch erst im Zusammenspiel überdurchschnittliche Wertschöpfung generieren.

Diese Netze können firmenintern oder firmenextern ausgelegt sein. Bei den firmeninternen Netzen handelt es sich um räumlich verteilte Niederlassungen unter dem Dach eines Unternehmens. Die mannigfaltigen qualitativen Unterschiede von Organisationsstrukturen stehen zwar nicht im Zentrum der vorliegenden Studie. Trotzdem muss berücksichtigt werden, dass die reine Existenz eines Standortnetzes eines Unternehmens nicht unbedingt geschäftlichen Austausch zwischen den einzelnen Niederlassungen bedeuten muss. So haben Niederlassungen häufig den Zweck, andere Märkte abzudecken, die sich beispielsweise kulturell unterscheiden. In solchen Märkten sind häufig ganz andere Geschäftsstrategien gefragt, weshalb die Niederlassungen im äussersten Fall quasi eigenständig arbeiten.

Um diesem Umstand zu begegnen, werden in Kapitel 3.3.5 auch firmenexterne Unternehmensnetze untersucht. Es kann sich um Kunden- oder Zulieferbeziehungen handeln, aber auch um Kooperation und Wissensaustausch zwischen Partnern oder gar Konkurrenten, beispielsweise bei Produktentwicklungs-Projekten. Solche Beziehungen sind häufig typische Fälle von verborgener Vernetzung, die verborgene räumliche Entwicklungsprozesse nach sich ziehen, beispielsweise wachsende Arbeitsteilung zwischen Standorten.

Analyse räumlicher Muster der Kommunikationsnetze von wissensintensiven Dienstleistungsunternehmen

Das Fundament der hier zugrunde liegenden Untersuchung bilden die Analysen von Pendelmustern, firmeninternen Standortnetzen und firmenexternen Kooperationsnetzwerken. Darüber hinaus experimentierte das Projekt jedoch auch mit Methoden der Analyse von Kommunikationsnetzen bei wissensintensiven Dienstleistungstätigkeiten. Dabei ging es darum, festzuhalten, wo und auf welche Weise Standorte durch solche Kommunikationsnetze verknüpft sind.

Zu diesem Zweck sammelte und analysierte das Projekt Quell- und Zielorte von E-Mails, Telefonaten, Geschäftsreisen oder weiteren Kommunikationsmöglichkeiten. Die gesammelten Daten stellten sich jedoch als ungenügend heraus.

Zu Beginn versuchte das Projekt, E-Mails automatisch zu lokalisieren, indem es die IP-Adressen von auf Servern gespeicherten E-Mails analysierte. Ein erstes Hindernis hierbei waren jedoch die europaweit restriktiven Bestimmungen des Datenschutzes. Ferner war es problematisch, die geschäftlich relevanten E-Mails von den privaten Mails sowie Werbe- und Spam-Mails zu trennen. In privaten Unternehmen machen Letztere bis zu 40 Prozent aller Mails aus. Das Projekt verfolgte deshalb das Vorhaben einer automatischen Lokalisierung von E-Mails nicht weiter, da der dafür notwendige Aufwand zu gross war. Dasselbe gilt für Telefonate, für die Daten über Quell- und Zielorte zwar vorhanden sind, jedoch von den Telefongesellschaften nur in seltenen Fällen freigegeben werden. Für die Ermittlung von Geschäftsreisewegen zog das Projekt in Erwägung, Abrechnungen von geschäftlichen Kreditkarten nach den Orten zu untersuchen, wo damit Hotels, Mahlzeiten, Taxis usw. bezahlt wurden. Jedoch war es auch hier zu schwierig, im Rahmen des hier zugrunde liegenden Forschungsvorhabens diese Daten zu erhalten.

Deshalb griff das Projekt auf die Methode der Befragung zurück. Die Forscher fragten Beschäftigte in Kaderpositionen an, ihre virtuellen und physischen Kommunikationsvorgänge wie Geschäftsreisen, E-Mails, Telefonate während einer Woche in einen internetbasierten Fragebogen einzufüllen. Dabei sollten sie jeweils Quell- und Zielort angeben.

Der Rücklauf dieses Fragebogens fiel jedoch unterschiedlich aus. Der höchste Rücklauf wurde mit 24,2 Prozent in Paris erzielt, der niedrigste mit 4,3 Prozent in London. In der Metropolregion Nordschweiz wurde ein Rücklauf von 16,1 Prozent verzeichnet. Diese Zahlen erfüllen insgesamt die Bedingungen für eine glaubwürdige Analyse nicht. Zudem sind zahlreiche Fragebögen unvollständig ausgefüllt. Somit lassen sich aus dieser Untersuchung keine neuen und vor allem keine repräsentativen Erkenntnisse gewinnen.

Trotzdem ist der methodische Ansatz der räumlichen Untersuchung von Kommunikationsnetzen richtig. Er kann aufzeigen, wie Standorte auf der lokalen, regionalen, nationalen, europäischen oder globalen Ebene miteinander verknüpft sind. Jedoch scheint der Weg dazu nur über die Nutzung existierender Daten zu führen. Daten, die Reisen, Telefonate oder E-Mails lokalisieren, existieren durchaus. Sie werden jedoch von den Datenbesitzern bzw. -verwaltern nur zur Verfügung gestellt, wenn diese in den Forschungsprozess mit einbezogen werden (Halbert 2004). Um mit Fragebögen genügend Daten zu erhalten, muss ein Projekt einen sehr grossen Aufwand betreiben, da die Forscher die in der Regel zeitlich unter Druck stehenden Befragten häufig persönlich überzeugen müssen, die nicht unerhebliche Aufgabe zu erfüllen.

3.3.2 Die Verknüpfung vieler Zentren bildet die Metropolregion Nordschweiz

In der Metropolregion Nordschweiz ist Zürich das führende Zentrum. Die renommierten Hochschulen, zahlreiche globale Unternehmen und der international bedeutende Flughafen machen Zürich zum wichtigsten «Tor zur Welt» oder «Gateway» für einen weit in die Schweiz und das benachbarte Ausland ausgreifenden Wirtschaftsraum.

Es zeigt sich aber, dass Zürich alleine die kritische Grösse nicht erreicht, um höchst spezialisierte, im internationalen Vergleich konkurrenzfähige Wissensproduktion zu ermöglichen. Der Grossteil wissensintensiver Unternehmen beschafft sich spezielles Wissen deshalb in grösseren Räumen. Zum Beispiel ist Zürich ein wichtiger Forschungsstandort für High-Tech-Branchen wie die Medizinaltechnik oder die Life-Sciences. Für die praktische Umwandlung dieses gewonnenen Wissens in vermarktbare Produkte braucht es jedoch High-Tech-Unternehmen mit entsprechender Erfahrung. Diese sind in Zürich selber zu wenig vorhanden, befinden sich jedoch in grosser Zahl in Basel sowie im Jurabogen (Dümmler 2006). Auf diese Weise werden weitere Orte in wirtschaftliche Vernetzungen eingebunden, und es bildet sich eine Metropolregion.

Zwischen Basel und Zürich bestehen sehr viele derartige Verflechtungen im Bereich wissensintensiver Tätigkeiten. Damit zeigen sich diese beiden, scheinbar konkurrierenden Städte als in Wirklichkeit wirtschaftlich eng verbunden. Basel verfügt zwar über eine qualitativ ähnliche Infrastruktur zur Wissensgewinnung wie Zürich, herausragend sind hier die global operierenden Pharma- und Chemieunternehmen. Das bedeutet jedoch nicht, dass Basel und Zürich Gegenpole bilden. Vielmehr ergänzen sie sich zum zentralen wirtschaftlichen Rückgrat der Metropolregion Nordschweiz (Behrendt und Kruse 2001).

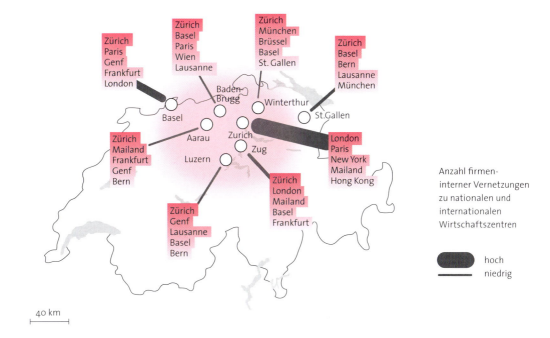

Zürich
Paris
Genf
Frankfurt
London

Zürich
Basel
Paris
Wien
Lausanne

Zürich
München
Brüssel
Basel
St. Gallen

Zürich
Basel
Bern
Lausanne
München

Baden-Brugg

Winterthur

Basel

St.Gallen

Zürich
Mailand
Frankfurt
Genf
Bern

Aarau

Zürich

Luzern

Zug

London
Paris
New York
Mailand
Hong Kong

Zürich
London
Mailand
Basel
Frankfurt

Zürich
Genf
Lausanne
Basel
Bern

Anzahl firmen-
interner Vernetzungen
zu nationalen und
internationalen
Wirtschaftszentren

hoch
niedrig

40 km

Andere Agglomerationen wie Luzern oder Aarau verfügen selber nicht oder nur in geringerem Masse über die Voraussetzungen zum spezialisierten Wissensgewinn. Sie sind jedoch über eine sehr gute Transport- und Kommunikationsinfrastruktur an die grossen «Gateways» Zürich und Basel angeschlossen, weshalb auch sie prinzipiell als Standorte für wissensintensive Unternehmen in Frage kommen. Besonders von Unternehmen, die ihre internationalen geschäftlichen Transaktionen über Internet erledigen können und nur auf gelegentlichen persönlichen Kontakt mit Kunden oder Partnern angewiesen sind, können auch solche weniger zentralen Standorte in Betracht gezogen werden. Die folgenden Kapitel werden aber verdeutlichen, dass sich innerhalb der Metropolregionen funktionale Hierarchien und räumliche Differenzierungen der Arbeitsteilung abzeichnen.

Abb. 10: Vernetzungen über firmeninterne Standortnetzwerke: die jeweils wichtigsten fünf Wirtschaftszentren
Quelle: Eigene Darstellung

3.3.3 Räumliche Muster der firmeninternen Netzwerke

Einzelne Agglomerationen der Metropolregion Nordschweiz sind über interne Niederlassungsnetze von APS-Unternehmen potenziell in internationalen Wissensaustausch eingebunden. Die Vermutung liegt nahe, dass solche Netzwerke zwischen Niederlassungen desselben Unternehmens prinzipiell, aber nicht in jedem Fall dem oben beschriebenen Wissensaustausch zwischen den jeweiligen Standorten dienen können. So haben beispielsweise Finanzdienstleister oft Filialen sowohl in Zürich als auch Genf. Die lokale Marktbearbeitung erfolgt dann allerdings nach jeweils kulturell geprägten Mustern und Vorgehensweisen.

Wissensaustausch kann aber zum Beispiel über die Erarbeitung gemeinsamer Strategien, den Austausch von Personal oder verschiedene Kommunikationsplattformen erfolgen. In *Abbildung 10* wird die räumliche Dimension dieser firmeninternen Vernetzungen von APS-Unternehmen gezeigt. Die Karte nennt die fünf Wirtschaftszentren, mit denen die jeweilige Agglomeration am stärksten durch firmeninterne Niederlassungsnetze potenziell vernetzt ist. Abgesehen von den grossen quantitativen Unterschieden – gemeint ist die Anzahl der Vernetzungen in Form der Strichdicke – stellen sich deutliche qualitative Unterschiede heraus, gezeigt durch die Zusammensetzung der fünf Wirtschaftszentren.

Die APS-Unternehmen in Zürich sind firmenintern in erster Linie mit globalen Standorten vernetzt. Erst an neunter Stelle folgt mit Genf der erste nationale Standort. Die APS-Unternehmen in Basel sind ebenfalls in hohem Masse mit international führenden Wirtschaftszentren vernetzt, wobei hier Standorte ausserhalb Europas im Gegensatz zu Zürich nicht unter den wichtigsten Zehn vertreten sind. Zudem steht für Basel mit Zürich ein nationaler Standort an vorderster Stelle. Dies zeigt die herausragende nationale Bedeutung Zürichs als Standort für global tätige Unternehmen.

Bei den mittleren und kleinen Agglomerationen stehen überwiegend nationale Wirtschaftszentren an vorderster Stelle der Liste vernetzter Standorte. APS-Unternehmen in Agglomerationen wie Luzern, Aarau oder Baden-Brugg sind firmenintern eher gering mit europäischen und nur schwach mit aussereuropäischen Standorten vernetzt. Es sind zum grossen Teil Unternehmen, die über eine nationale oder regionale Kundschaft verfügen und diese von mittleren und kleineren Agglomerationen aus ebenso gut mit ihren Dienstleistungen versorgen können wie von Zürich aus. Eine Ausnahme von der Regel bildet Zug. Die dort angesiedelten APS-Unternehmen sind erstaunlich zahlreich global orientiert und haben Niederlassungen in London sowie Vernetzungen mit Singapur und Sydney, deren Häufigkeit noch innerhalb der wichtigsten zehn Zielstandorte Zugs rangieren. Das weist darauf hin, dass Zug als Nebenzentrum mit globaler Orientierung in der Metropolregion Nordschweiz eine Sonderfunktion einnimmt. Eine grosse Rolle dürfte hier der Rohstoffhandel spielen, dem Zug als weltweite Schaltstelle dient.

Wie intensiv die Niederlassungen eines Standortes in Netzwerke von Firmen eingebunden sind und wie sich diese Netzwerke räumlich gestalten, hat einen grossen Einfluss auf die Möglichkeiten, wirtschaftlichen Wissensaustausch zu betreiben. Die *Abbildung 11* vergleicht direkt, wie verschiedene Agglomerationen der Metropolregion Nordschweiz in internationale und nationale APS-Standortnetzwerke eingebunden sind. Durch den Vergleich mit dem Durchschnitt von Einwohner- und Arbeitsplatzzahlen der einzelnen Agglomerationen wird zudem ersichtlich, wie dieses Mass an Vernetzung einzuschätzen ist.

Internationale Bedeutung

Nationale Bedeutung

Schweiz
40 km

Bedeutung des
Standortes für APS-
Unternehmen:

Bedeutungsdefizit

Bedeutungsüberschuss

gleichgewichtige
Bedeutung

Eine höhere Einwohner- und Arbeitsplatzzahl lässt auch eine entsprechend höhere Anzahl an stark vernetzten nationalen und internationalen APS-Firmen als wahrscheinlich erscheinen. Wenn die Verteilung dieser beiden Kennzahlen linear korrelierend verliefe, müssten in der *Abbildung 11* der schwarze Kreis und die in jeder Agglomeration übereinstimmen. Dies ist jedoch nicht immer der Fall. Es gibt also Agglomerationen, die einen Bedeutungsüberschuss an APS-Unternehmen gegenüber dem eigenen Grössenpotenzial aufweisen. Ein Bedeutungsdefizit liegt für eine Agglomeration dann vor, wenn die Anzahl der Standorte von APS-Unternehmen geringer ausfällt, als es der Durchschnitt von Arbeitsplätzen und Einwohnern für diese Agglomeration erwarten lässt. In diesem Falle ist die rote Kreisfläche kleiner als der schwarze Kreis.

Zürich ist bei einer absoluten Betrachtung am meisten mit internationalen Zentren vernetzt, was anhand seiner Grösse im Vergleich zu den anderen Agglomerationen auch zu erwarten ist. Bei einer relativen Betrachtung ist jedoch Zug am meisten mit internationalen Zentren vernetzt. Trotz der geringen Grösse findet in Zug also ein aussergewöhnlich dichter internationaler wirtschaftlicher Wissensaustausch statt. Das Gegenteil ist in Luzern und Winterthur der Fall. Obwohl diese beiden Agglomerationen bezüglich Einwohner und Arbeitsplätze grösser sind als Zug, weisen sie ein geringeres Mass an internationaler Vernetzung aus. Entscheidend ist also nicht die Grösse der Agglomerationen oder der Kernstädte, sondern viel eher die Art der lokalen Niederlassungen. Im Fall von Zug sind Hauptsitze oder global wichtige Steuerungszentren häufig, während diese in Luzern oder Winterthur nicht in solcher Dichte anzutreffen sind.

In nationalen APS-Standortnetzen verschiebt sich das Gewicht gegenüber der internationalen Ebene etwas zu Gunsten der kleineren Agglomerationen. Standorte wie St. Gallen oder Aarau sind auf der nationalen Ebene intensiver in Netzwerke von APS-Unternehmen eingebunden als auf der internationalen Ebene. Sie sind im nationalen Rahmen zentrale Standorte,

Abb. 11: Bedeutung der Agglomerationen der Metropolregion Nordschweiz als Standorte für grenzüberschreitende APS-Unternehmen Quelle: Eigene Darstellung

	Fläche qkm	Bevölkerung 2000	Bevölkerungs-entwicklung 1990-2000 in Prozent	Beschäftigte 2000	Beschäftigungs-entwicklung 1990-2000 in Prozent
London	29 184	18 984 298	+13,5	9 040 000	+32,9
Amsterdam	8757	8 575 712	+7,1	4 031 900	+29,0
Brüssel	16 000	7 800 000	+2,6	3 320 000	+10,0
Rhein-Ruhr	11 536	11 700 000	+1,1	5 400 000	+3,4
Rhein-Main	8211	4 200 000	+5,7	1 695 000	+1,7
Nordschweiz	13 700	3 500 000	+7,6	2 200 000	+6,7
Paris	43 019	15 691 730	+2,9	7 660 880	+3,2
Dublin	7814	1 637 267	+9,3	798 515	+62,9

Tab. 14: Grunddaten der untersuchten Metropolregionen
Quelle: Hall, P. und Pain, K. 2004

deren Bedeutung grösser ist, als aufgrund ihrer Einwohner- und Arbeitsplatzzahlen zu erwarten wäre. Dagegen nimmt die Vernetzung von Zürich auf der nationalen Ebene ab, was auf zwei Ursachen zurückzuführen ist: Erstens können nationale oder regionale Märkte von kleineren Sub-Zentren aus dank der flächendeckend hervorragenden Infrastruktur generell gleich gut versorgt werden wie von Zürich aus. Kleinere Zentren bieten günstige Bedingungen wie preiswertes, verfügbares Bauland, tiefere Standortkosten und schnelle Strassenanschlüsse, was in Zürich für viele Unternehmen, die auf diese Bedingungen angewiesen sind, schwierig zu finden ist. Zürich ist also für viele Unternehmen bei internationalem, jedoch weniger bei nationalem Wissensaustausch unentbehrlich. Die zweite mögliche Ursache ist, dass sich einige APS-Standortnetze innerhalb der Agglomeration Zürich selber ausdehnen, ohne dass weitere Agglomerationen in die Netze einbezogen werden. Diese Netze schlagen in der *Abbildung 11* deshalb nicht zu Buche, da nur Beziehungen zwischen und nicht innerhalb von Agglomerationen betrachtet werden.

3.3.4 Firmeninterne Netzwerke im europäischen Vergleich

Die oben gezeigten Schweizer Muster der internen APS-Firmennetzwerke lassen bessere Schlüsse zu, wenn sie in einen internationalen Kontext gestellt werden (Hall and Pain 2006, Taylor 2005). In den *Abbildungen 12 bis 18* wird dieselbe Untersuchung mit verschiedenen europäischen Metropolregionen und ihren einzelnen Agglomerationen gezeigt. Dabei werden sowohl Gemeinsamkeiten als auch Unterschiede zu den Mustern in der Metropolregion Nordschweiz ersichtlich. In der *Tabelle 14* sind die Grunddaten der untersuchten Metropolregionen aufgeführt.

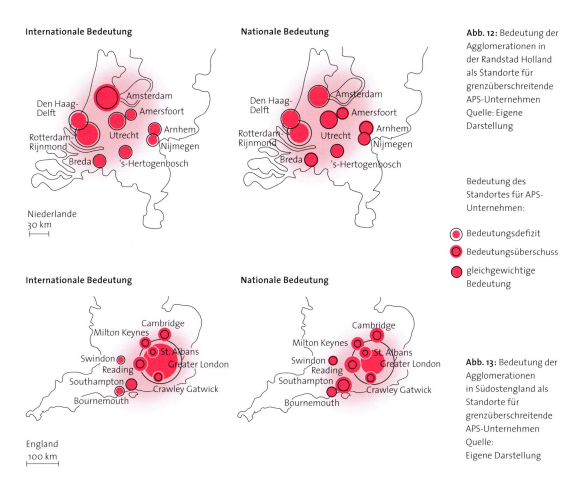

Internationale Bedeutung

Niederlande
30 km

Nationale Bedeutung

Abb. 12: Bedeutung der Agglomerationen in der Randstad Holland als Standorte für grenzüberschreitende APS-Unternehmen Quelle: Eigene Darstellung

Bedeutung des Standortes für APS-Unternehmen:

- Bedeutungsdefizit
- Bedeutungsüberschuss
- gleichgewichtige Bedeutung

Internationale Bedeutung

England
100 km

Nationale Bedeutung

Abb. 13: Bedeutung der Agglomerationen in Südostengland als Standorte für grenzüberschreitende APS-Unternehmen Quelle: Eigene Darstellung

In der Metropolregion Amsterdam/Randstad Holland (Abb. 12) sind Bevölkerung und Arbeitsplätze ähnlich polyzentral verteilt wie in der Nordschweiz. Amsterdam hat aber funktional eine herausragende Bedeutung. Für internationale APS-Unternehmen ist Amsterdam der mit grossem Abstand bedeutendste Standort der Metropolregion. Geht es aber um die Bedeutung der Standorte auf nationaler Ebene, gewinnen die anderen Agglomerationen gegenüber Amsterdam deutlich an Bedeutung. Für eher national orientierte APS-Unternehmen ist Amsterdam zwar wichtig, aber kein Standort von herausragender Bedeutung. Hier lassen sich Parallelen zur Nordschweiz und Zürich ziehen.

Das gleiche Muster ist auch bei den beiden Beispielen aus England (Abb. 13) und Nordrhein-Westfalen (Abb. 14) festzustellen. Im Fall von London wird klar, dass die reine Grösse einer Agglomeration keine Schlüsse auf ihre funktionale Bedeutung erlaubt. Zwar ist London absolut gesehen in seiner Metropolregion der klar wichtigste Standort sowohl für internationale als auch nationale APS-Firmen mit entsprechend grosser globaler Vernetzung. Jedoch weisen die wesentlich kleineren Agglomerationen rund um Gross-London relativ gesehen ein sehr hohes Mass an globaler Vernetzung auf.

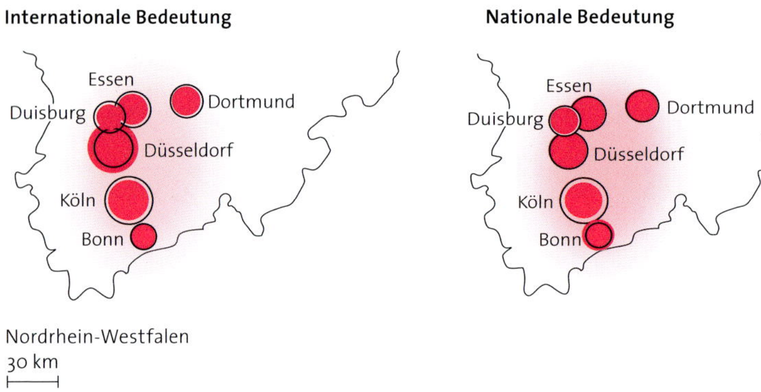

Internationale Bedeutung

Essen · Dortmund
Duisburg
Düsseldorf
Köln
Bonn

Nordrhein-Westfalen
30 km

Nationale Bedeutung

Essen · Dortmund
Duisburg
Düsseldorf
Köln
Bonn

Abb.14: Bedeutung der Agglomerationen in Rhein-Ruhr als Standorte für grenzüberschreitende APS-Unternehmen Quelle: Eigene Darstellung

Bedeutung des Standortes für APS-Unternehmen:

● Bedeutungsdefizit
○ Bedeutungsüberschuss
● gleichgewichtige Bedeutung

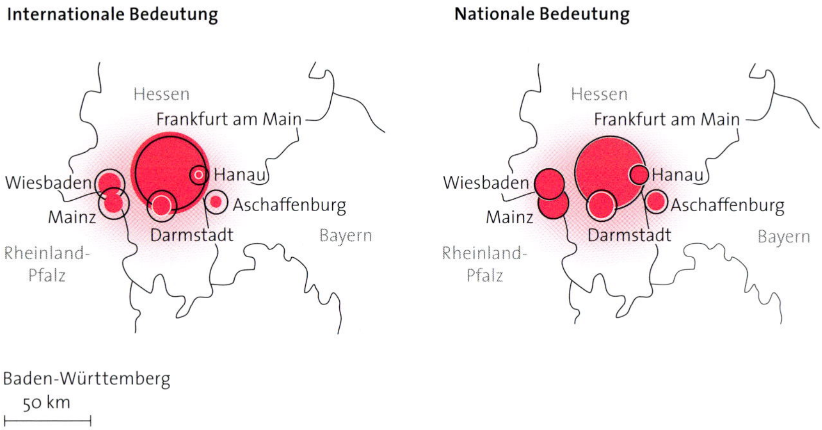

Internationale Bedeutung

Hessen
Frankfurt am Main
Wiesbaden · Hanau
Mainz · Aschaffenburg
Darmstadt · Bayern
Rheinland-Pfalz

Baden-Württemberg
50 km

Nationale Bedeutung

Hessen
Frankfurt am Main
Wiesbaden · Hanau
Mainz · Aschaffenburg
Darmstadt · Bayern
Rheinland-Pfalz

Abb.15: Bedeutung der Agglomerationen in Rhein-Main als Standorte für grenzüberschreitende APS-Unternehmen Quelle: Eigene Darstellung

Die These, dass Mega-Städte wie London Probleme haben, sich gesamthaft in die Richtung einer wissensbasierten, wachsenden Wirtschaft zu entwickeln, wird auch von Kenishi Ohmae vertreten (Ohmae 2001). Er sieht kleinere Metropolregionen wie die Nordschweiz sogar im Vorteil gegenüber den riesigen Millionenmetropolen. Die erstgenannten seien demnach wesentlich weniger anfällig für unkontrolliertes Bevölkerungswachstum, dem sich die wirtschaftliche Struktur nicht schnell genug anpassen könne. Engpässe bei der Kommunikationsinfrastruktur und bei der Beschäftigung treten deshalb in kleineren Metropolregionen weniger häufig auf.

In der Metropolregion Rhein-Ruhr (Abb. 14) bestätigt sich abermals, dass die Grösse eines Zentrums nicht auf seine wirtschaftliche Bedeutung schliessen lässt. Hier erweist sich Düsseldorf als das wirtschaftliche «Tor zur Welt» für die Region und nicht etwa das grössere Köln. Köln ist nicht nur auf der internationalen, sondern auch auf der nationalen Ebene deutlich weniger ausgeprägt in Standort-Netzwerke von APS-Unternehmen integriert. Die viertgrösste Stadt Deutschlands ist somit für wirtschaftlichen Wissensaustausch von weniger prominenter Bedeutung.

Frankfurt am Main dominiert die Metropolregion Rhein-Main mit grossem Abstand (Abb. 15). Die beiden Landeshauptstädte von Hessen und Rheinland-Pfalz, Wiesbaden und Mainz, haben besonders in den internatio-

Internationale Bedeutung

Nationale Bedeutung

Amiens · Rouen · Paris · Reims · Troyes · Le Mans · Orléans

Frankreich
100 km

Internationale Bedeutung

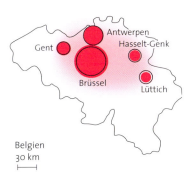

Gent · Antwerpen · Hasselt-Genk · Brüssel · Lüttich

Belgien
30 km

Nationale Bedeutung

Gent · Antwerpen · Hasselt-Genk · Brüssel · Lüttich

Abb. 16: Bedeutung der Agglomerationen im Bassin Parisien als Standorte für grenzüberschreitende APS-Unternehmen Quelle: Eigene Darstellung

Bedeutung des Standortes für APS-Unternehmen:

● Bedeutungsdefizit
◎ Bedeutungsüberschuss
● gleichgewichtige Bedeutung

Abb. 17: Bedeutung der Agglomerationen in Belgien als Standorte für grenzüberschreitende APS-Unternehmen Quelle: Eigene Darstellung

nalen Filial-Netzwerken von APS-Unternehmen nur eine sehr geringe Bedeutung. Auf der nationalen Ebene ist der Unterschied zwischen Frankfurt und den anderen Zentren der Metropolregion zwar etwas geringer, jedoch noch immer sehr deutlich.

Die Bedeutung von Paris in seiner Metropolregion (Abb. 16) ist ähnlich dominant wie diejenige Frankfurts in der Region Rhein-Main. Jedoch, und hier gibt es eine grosse Parallele zu London, sind die kleineren Zentren der Region wesentlich stärker über firmeninterne Netzwerke von APS-Unternehmen vernetzt, als anhand deren Grösse zu erwarten ist. Dies ist sowohl auf der nationalen als auch auf der internationalen Ebene der Fall. Für Paris selber gilt, wie bei London, das Umgekehrte: Es erreicht nicht das Mass an Vernetzung, das seine Grösse vermuten lässt.

Im Fall von Belgien ist der Vergleich zwischen Brüssel und Antwerpen besonders interessant (Abb. 17). Brüssel ist auf der internationalen Ebene von aussergewöhnlich grosser Bedeutung für firmeninterne Netzwerke von APS-Unternehmen. Die Bedeutung Antwerpens bleibt dagegen nur im Rahmen des anhand der Agglomerationsgrösse erwarteten Ausmasses. Auf der nationalen Ebene jedoch gleichen sich Brüssel und Antwerpen fast an. In den nationalen Netzwerken von APS-Unternehmen spielen Antwerpen und Brüssel also eine etwa gleich grosse Rolle, während für internationale Netz-

Internationale Bedeutung

Nationale Bedeutung

Bedeutung des Standortes für APS-Unternehmen:

● Bedeutungsdefizit

◉ Bedeutungsüberschuss

● gleichgewichtige Bedeutung

Abb. 18: Bedeutung der Agglomerationen in Greater Dublin als Standorte für grenzüberschreitende APS-Unternehmen Quelle: Eigene Darstellung

Irland
50 km

werke Brüssel der herausragende Standort in Belgien ist. Das ist ein sehr anschauliches Beispiel für eine «Tor-zur-Welt»-Funktion, die eine so spezialisierte Stadt wie Brüssel für ein ganzes Land übernehmen kann.

In der irischen Metropolregion Dublin nimmt die Agglomeration Dublin eine einsame Stellung ein (Abb. 18). Auf internationaler Ebene spielen die umliegenden Counties mit ihren Kleinstädten kaum eine Rolle. Nur auf der nationalen Ebene haben sie etwas grössere Anteile an firmeninterner Vernetzung von APS-Unternehmen.

Die vorangehenden Unterkapitel zeigen, dass die verschiedenen Agglomerationen in Metropolregionen durch wirtschaftliche Austauschbeziehungen unterschiedliche Funktionen und hierarchische Positionen einnehmen. Dazu dient die Untersuchung von firmeninternen Netzwerken. Das folgende Kapitel analysiert nun die gleichen Fragen anhand firmenexterner Unternehmensbeziehungen.

3.3.5 Räumliche Muster firmenexterner Netzwerke

Austauschbeziehungen entstehen nicht nur durch Niederlassungsnetzwerke innerhalb von, sondern auch durch Kooperationsbeziehungen zwischen APS-Unternehmen. Bei diesen externen Netzwerken handelt es sich zudem um tatsächliche und nicht nur um potenzielle Austauschbeziehungen. Häufig geht es dabei um die Auslagerung von einzelnen Tätigkeiten in andere Firmen, die von diesen effizienter ausgeführt werden können, die jedoch auch über das notwendige Know-how verfügen. Banken ziehen beispielsweise Finanzintermediäre bei, welche über Netzwerke potenzieller

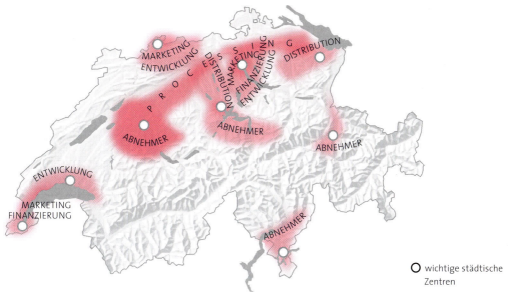

Kunden für die Dienstleistungen der Banken verfügen (Kruse 2005). Es gibt jedoch auch Netzwerke zwischen eigentlich konkurrierenden Unternehmen, die dem Austausch von Wissen dienen.

Die meisten wirtschaftlichen Tätigkeiten finden nicht innerhalb festgelegter räumlicher Grenzen statt. Wirtschaftliche Unternehmen tätigen ihre Geschäfte an verschiedenen Standorten. Es entstehen Kommunikationsnetze, über die Wissen ausgetauscht wird. Diese Netze verdichten sich in grossen Wirtschaftszentren und verknüpfen diese funktional miteinander. Das ist möglich, weil diese grossen Zentren über hochrangige Infrastrukturen wie internationale Flughäfen, renommierte Universitäten oder grosse Niederlassungen führender Unternehmen verfügen. Schliesslich werden mit Hilfe dieses Wissens Produkte hergestellt, die aber auch Vorleistungen und Abnehmer benötigen. Dabei entstehen funktionale Hierarchien und Spezialisierungen der Zentren und Teilregionen. Dies ist auch in der Metropolregion Nordschweiz der Fall.

Die Prozesse der wissensintensiven Produktherstellung bilden Wertschöpfungsketten, deren einzelne Glieder verschiedenen Zentren und Teilregionen räumlich zugeordnet sind. Es kann eine Art «Wertschöpfungs-Landkarte» der Schweiz gezeichnet werden (Abb. 19), die funktionale und räumliche Hierarchien und Spezialisierungen aufzeigt. Bei den wissensintensiven Dienstleistungen sind es in der Nordschweiz die grossen Zentren Zürich und Basel, die direkt mit anderen globalen Zentren vernetzt sind. Sie können somit besser als die weniger vernetzten Zentren der Metropolregion globalen Austausch von wirtschaftlich relevantem Wissen betreiben. In diesen

Abb. 19: «Wertschöpfungs-Landkarte» wissensintensiver Dienstleistungen Quelle: Eigene Darstellung

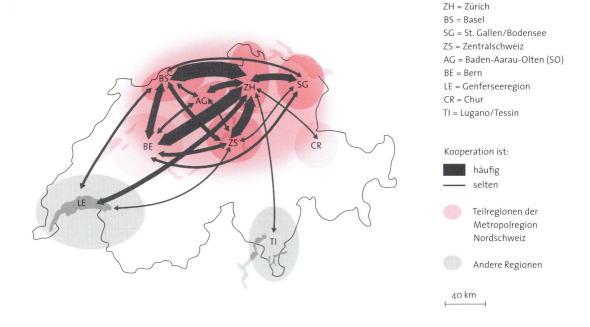

Abb. 20: Kooperation zwischen Unternehmen wissensintensiver Branchen Quelle: Eigene Darstellung

grossen Zentren sind deshalb Tätigkeiten angesiedelt, die sehr auf aktuelles Wissen angewiesen sind, zum Beispiel Marketing oder Produktentwicklung. Kleinere Zentren verfügen nicht in dem Masse über diese direkten Zugänge zu wirtschaftlich relevantem Wissen. Die grosse wirtschaftliche Chance dieser kleineren Zentren besteht aber darin, hochwertige Vorleistungen für die wissensintensiven Produkte der grossen Zentren zur Verfügung zu stellen. Die dortigen Unternehmen können zum Beispiel spezielle Zulieferungsprodukte für die High-Tech-Industrie fertigen. Sie sind deshalb auf eine enge Vernetzung mit den grossen nationalen Zentren angewiesen, um an den rasch fortschreitenden globalen wirtschaftlichen Entwicklungen teilzunehmen und sich richtig im Markt positionieren zu können.

Die *Abbildungen 20 und 21* machen ersichtlich, wie die Standorte der Metropolregion Nordschweiz mittels Wissensaustausch durch Unternehmenskooperation miteinander und mit anderen Regionen der Schweiz vernetzt sind. Ein überwiegender Teil der Vernetzungen findet innerhalb der Metropolregion selbst statt. Die Standorte in den Kantonen Bern und Solothurn sind, trotz guter Erreichbarkeit von Zürich oder Basel aus, eher wenig in Wissensaustausch mit der Metropolregion Nordschweiz eingebunden. Sehr deutlich ist auch die Abgrenzung zu den anderen Sprachregionen der Schweiz. Wissensaustausch zwischen der Metropolregion Nordschweiz und der Genferseeregion sowie vor allem auch zwischen der Metropolregion Nordschweiz und dem Tessin ist von deutlich geringerer Intensität. Entscheidend sind hier

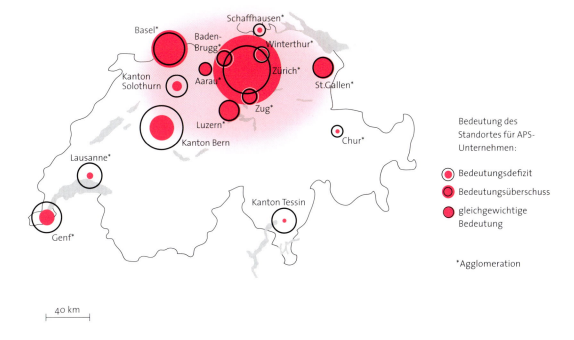

Bedeutung des Standortes für APS-Unternehmen:

- Bedeutungsdefizit
- Bedeutungsüberschuss
- gleichgewichtige Bedeutung

*Agglomeration

40 km

vermutlich weniger die Distanzen, sondern eher die Sprachbarrieren, welche die Märkte für APS-Unternehmen in vielen Fällen voneinander trennen. Innerhalb der Metropolregion erweist sich die Agglomeration Zürich als klares Zentrum für den Austausch von Wissen.

Zürich ist in den häufigsten Fällen der Ausgangspunkt von entsprechenden Netzwerken. Es gibt jedoch weitere Zentren, die in hohem Masse in diese Netzwerke eingebunden sind. Hier sind vor allem die benachbarten Agglomerationen Zug und Baden-Brugg zu nennen. Sie erfüllen eine Rolle als ergänzende Standorte für APS-Unternehmen, die einerseits von günstigen lokalen Bedingungen, andererseits von der Nähe zu Zürich profitieren. Etwas schwächer vernetzt sind die Agglomerationen Luzern, Aarau und Winterthur. Diese Zentren sind zwar verkehrstechnisch ausgezeichnet an Zürich und die anderen Zentren angeschlossen, sie sind aber nur mässig in die wissensintensiven Kooperationsnetze der Metropolregion Nordschweiz eingebunden.

Damit wird klar, dass die Subzentren der Metropolregion anders gelagerte Bedeutungen und Rollen als Standorte für wissensintensive Unternehmen haben, obwohl sie eigentlich ähnliche Voraussetzungen mitbringen. Unternehmen mit eher regionaler oder nationaler Ausrichtung wählen häufiger Agglomerationen, die eine geringere Nachfrage als Standorte verzeichnen als die grossen Zentren. Orte wie Luzern, Winterthur oder Aarau bieten solchen Unternehmen günstige Niederlassungskosten, zum Beispiel im Bezug auf Immobilien oder Bauland und gleichzeitig sehr gute Verkehrsanschlüsse. Für international ausgerichtete Unternehmen dagegen ist es

Abb. 21: Die Bedeutung der Beziehung zwischen APS-Firmen in der Metropolregion Nordschweiz und den APS-Firmen der restlichen Schweiz Quelle: Eigene Darstellung

wichtiger, in einem Zentrum ansässig zu sein, das ein entsprechend internationales Umfeld bietet. Das ist insbesondere dann der Fall, wenn häufiger persönlicher Kontakt mit Kunden oder Partnern notwendig ist. Neben den grossen Zentren können in einzelnen Branchen auch Sub-Zentren wie Zug diese Voraussetzung erfüllen.

Trotz seiner relativ grossen Entfernung zu Zürich ist auch St. Gallen gut in die Kooperationsnetze der Metropolregion Nordschweiz eingebunden. Für international orientierte Unternehmen erhöht besonders die international anerkannte Wirtschaftsuniversität die Standortattraktivität der Stadt. So ist St. Gallen beispielsweise für ein Unternehmen, das sich mit Wirtschaftsinformatik beschäftigt, durchaus attraktiv, da über die Universität nicht nur Zugang zu entsprechendem Wissen möglich wird, sondern auch Kontakte zu möglichen internationalen Kunden oder Partnern geknüpft werden können. Für solche wissensintensive Tätigkeiten spielt die Distanz zwischen St. Gallen und Zürich sowie zu weiteren Zentren der Schweiz eine geringe Rolle. St. Gallen erweist sich sowohl in nationalen als auch internationalen Netzwerken als kleines, aber starkes Nebenzentrum der Metropolregion Nordschweiz.

Die Rolle Basels in den firmenexternen Netzwerken der APS-Unternehmen ist qualitativ ähnlich wie diejenige Zürichs, hat aber etwas weniger häufig den Charakter eines Ursprungsortes oder Schwerpunkts von Netzwerken. Basel bildet vielmehr ein zweites, zusätzliches Hauptzentrum des wirtschaftlichen Wissensaustauschs der Metropolregion Nordschweiz, das Zürich häufiger ergänzt als konkurriert. Von besonderer Bedeutung ist deshalb auch die Verbindung zwischen Basel und Zürich, die in den meisten Schweizer APS-Netzwerken den Schwerpunkt bildet. Eine grosse Anzahl an wissensintensiven Unternehmen findet in Basel alleine zu wenig qualifizierte Partner, um Tätigkeiten effizient auslagern zu können. Deshalb ist Zürich häufig im wahrsten Sinne nahe liegend für die Suche nach entsprechend qualifizierten Partnern.

3.3.6 Die funktionalen und hierarchischen Raummuster der Metropolregion Nordschweiz

In der Gesamtschau wird deutlich, dass die Metropolregion Nordschweiz tatsächlich als grob abgrenzbarer, verdichteter Funktionalraum, entstanden durch die wirtschaftlichen Beziehungen wissensintensiver Unternehmen, aus der Landkarte hervortritt. Er zeichnet sich in erster Linie durch seine herausragende Dichte an Austauschbeziehungen von branchenspezifischem, hochwertigem Wissen aus. Innovative Aktivitäten sind Voraussetzung, damit sich die einzelnen Zentren wirtschaftlich erfolgreich weiter entwickeln können. Dazu sind die Ankopplung an und die Beteiligung in dem Netz von Wissensaustausch der gesamten Metropolregion Nordschweiz grundlegend. Die wirtschaftliche Bedeutung einzelner Agglomerationen der Metropolregion Nordschweiz kann somit nur im Kontext ihrer Position in der Metropolregion Nordschweiz verstanden werden.

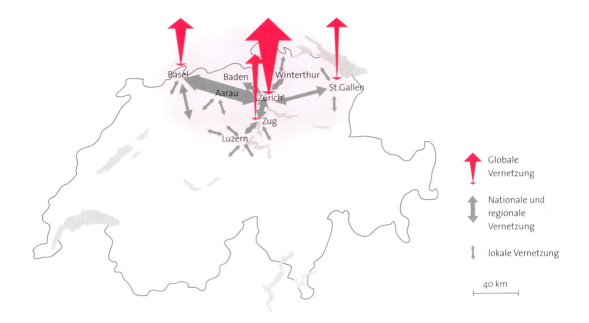

An dieser Stelle muss darauf hingewiesen werden, dass die Metropolregionen nicht als ein in sich geschlossenes oder einziges wirtschaftsräumliches System der Schweiz verstanden werden dürfen. Zum Beispiel zeigt Dümmler (2006), dass für die Medizinaltechnikbranche die gesamte Schweiz und das angrenzende Ausland als ein einziger Cluster betrachtet werden muss. Cluster sind räumlich konzentrierte Verdichtungen von wirtschaftlichen Akteuren, deren Tätigkeiten auf relevante Weise miteinander verknüpft sind (Dümmler 2006).

Abbildung 22 zeigt das räumliche Muster der Netzwerke wissensintensiver Dienstleistungsunternehmen. Es wird erkennbar, wie die verschiedenen Zentren und Teilregionen der Metropolregion Nordschweiz unterschiedlich in Netzwerke des wirtschaftlichen Wissensaustauschs eingebunden sind. Die Standorte mit APS-Unternehmen, die in globale Netzwerke eingebunden sind, konzentrieren sich auf die Kerne der Agglomerationen Zürich und Basel sowie auf kleine weitere «Inseln» der Agglomerationen Zug und St. Gallen.

APS-Unternehmen mit europäischer Reichweite konzentrieren sich in den gleichen Gebieten, sind aber vereinzelt auch in weiteren Zentren und Teilregionen vorhanden, beispielsweise in Baden. Standorte mit überwiegend national bis regional orientierten APS-Unternehmen sind Luzern und Aarau sowie weitere Gebiete zwischen den Zentren. Gebiete ausserhalb der Agglomerationen sind von APS-Unternehmen mit regionaler Reichweite

Abb. 22: Vernetzungen durch Wissensaustausch bei wissensintensiven wirtschaftlichen Tätigkeiten Quelle: Eigene Darstellung

geprägt. Durch diese Hierarchie von Unternehmen mit internationaler, regionaler und lokaler Reichweite ergibt sich ein Muster von wirtschaftlichem Wissensaustausch. Es gibt einige räumlich konzentrierte «Tore zur Welt» oder Kompetenzzentren, durch die Wissen von der globalen Ebene in die Metropolregion gebracht wird oder Wissen aus der Metropolregion global exportiert wird. Das wichtigste dieser «Tore» für die Metropolregion Nordschweiz ist Zürich, gefolgt von Basel. Daneben gibt es noch einige kleine «Nebentore». Hier können Zug mit seiner globalen Bedeutung als Standort für Rohstoffhandel oder St. Gallen mit seiner international bedeutenden Wirtschaftshochschule genannt werden.

Andere Zentren wie Luzern, Aarau, Baden oder Winterthur nehmen weniger direkt an globalem Wissensaustausch teil, bilden also selber höchstens sehr kleine und partielle «Gateways» zur Welt. Zwar sorgen vereinzelte internationale Konzerne an diesen Standorten für Ausnahmen. Grundsätzlich beziehen die wissensintensiven Unternehmen dieser Standorte ihr notwendiges, hochspezifisches Wissen aber aus den grossen und nahen Zentren Zürich und Basel, wo dieses Wissen durch spezialisierte Unternehmen oder Forschungsinstitutionen selbst produziert oder direkt importiert wird.

Gleichzeitig ist zu vermuten, dass hierarchisch weniger bedeutende Zentren wie Luzern, Aarau, Baden oder Winterthur ihrerseits eine eigene regionale oder lokale «Gateway»-Funktion erfüllen: Die dort ansässigen Unternehmen oder Bildungseinrichtungen wenden globales Wissen lokal an. Auf diese Weise werden möglicherweise auch Klein- und Kleinstzentren in wirtschaftlichen Wissensaustausch integriert. Zum Beispiel bieten regionale oder lokale Finanzdienstleister vor Ort innovative Produkte an, die am Finanzplatz Zürich geschaffen oder die von den grossen globalen Finanzplätzen nach Zürich gebracht wurden.

Dieses Muster räumlichen Wissensaustauschs ist zwar nur eine stark vereinfachte Annäherung an die Wirklichkeit. Es wird aber deutlich, dass eine funktionale Hierarchie der Standorte besteht, die neue Qualitäten besitzt. Das Wesentliche an dieser Hierarchie ist, dass weder quantitative noch normative Voraussetzungen abschliessend über die funktionale wirtschaftliche Rolle von Zentren entscheiden. Mit quantitativen Voraussetzungen sind zum Beispiel Einwohnerzahlen oder Arbeitsplätze und mit normativen Voraussetzungen ist beispielsweise die politisch-administrative Hauptstadtfunktion gemeint. Stattdessen bestimmt das räumliche Verhalten wirtschaftlicher Akteure über diese Rollen, wobei den wissensintensiven Dienstleistungen ein zunehmend führender Einfluss zukommt.

Zuoberst in dieser funktionalen Hierarchie stehen die grössten Wirtschaftszentren Zürich und Basel, die sehr gute örtliche Voraussetzungen für wissensintensive Dienstleistungen besitzen. Wirtschaftlicher Wissensaustausch findet direkt mit anderen globalen Wirtschaftszentren statt. Damit können sich diese Hauptzentren neuen wirtschaftlichen Entwicklungen sehr schnell anpassen oder diese vielleicht sogar mitbestimmen, wenn sie ihr eigenes Wissen exportieren können.

In der Hierarchie folgen vernetzte mittlere und kleine Zentren mit wenig direktem Zugang zu diesem globalen Wissensaustausch. Sie sind diesbezüglich zu wesentlichen Teilen auf die grossen Zentren angewiesen. Sie können aber ebenfalls attraktive Standorte für wissensintensive Tätigkeiten sein, wenn ihnen die Vernetzung mit den Hauptzentren gelingt und sie ihre geeignete Rolle innerhalb der Metropolregion finden. Dann können sie dazu beitragen, dass die Metropolregion als dicht vernetzter Wirtschaftsraum eine kritische Grösse erreicht, die ihre wirtschaftlichen Möglichkeiten vergrössert und ihre Position im globalen Standortwettbewerb stärkt.

3.4 Die Metropolregion Nordschweiz als Wahrnehmungsraum der Politik

Die Metropolregion Nordschweiz ist, wie oben gezeigt wurde, eine funktionale Region, die sich durch räumliche Verdichtung wirtschaftlicher Vernetzungen auszeichnet. Innerhalb dieses Verdichtungsraumes erarbeitet die Schweizer Volkswirtschaft den wesentlichen Teil ihrer Wertschöpfung. Jedoch sind nicht nur die quantitativen Merkmale eindrücklich. Charakteristisch ist auch die hohe Dynamik der strukturellen Veränderung. Innovationen treiben die wirtschaftliche Entwicklung schnell voran. Diese Innovationen gelangen überwiegend über die grossen Zentren Zürich und Basel in die Welt hinaus, oder in die Region hinein. Neue Dienstleistungen, Produkte und Verfahren entstehen dadurch, dass Unternehmen an unterschiedlichen Standorten miteinander am selben Ziel arbeiten. Diese Firmen bilden vielfältige Netze mit Wertschöpfungsketten, die sich wie unsichtbare Spinnweben übers Land legen. Die Spinnweben kleben an verschiedenen Orten in und ausserhalb der Metropolregion, an denen verschiedene Arbeitsschritte auf dem Weg zum fertigen Produkt vollbracht werden: Forschung, Entwicklung, Finanzierung, Vermarktung, Fertigung, Distribution und weitere mögliche Tätigkeiten. Diese Wertschöpfungsketten vernetzen damit auch die Standorte und bilden eigentliche, bei genauerer Analyse räumlich erkennbare Wertschöpfungssysteme.

Die Achse der Agglomerationen Zürich und Basel bildet für diese Systeme das eigentliche Rückgrat der Metropolregion Nordschweiz. Vermutlich ist es gar der «Backbone» der gesamten Schweizer Volkswirtschaft. Für die kleineren Agglomerationen gibt es zahlreiche Zuliefer- und Ergänzungsfunktionen innerhalb dieses Wertschöpfungssystems Nordschweiz. Es sind die vielen Niederlassungen der grösseren wissensintensiven Dienstleister, die dort Teilaufgaben ansiedeln und der produzierenden Industrie sowie der übrigen Dienstleistungswirtschaft vor Ort anbieten. Einzelne kleinere Agglomerationen nehmen deshalb in der Metropolregion wichtige Ergänzungspositionen ein und verzeichnen eine dynamische wirtschaftliche Entwicklung. Dafür steht die Agglomeration Zug als das markanteste Beispiel. In anderen Agglomerationen dagegen sind Tätigkeiten angesiedelt, die in den Wertschöpfungsketten der Metropolregion weniger zentral sind. Diese Entwicklung profitiert dennoch von der Dynamik der gesamten Metropolregion.

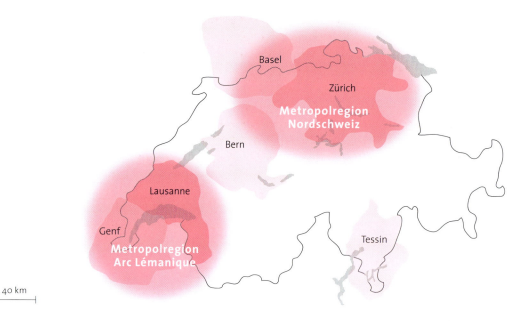

Metropolregion Nordschweiz

Basel

Zürich

Bern

Lausanne

Genf

Metropolregion Arc Lémanique

Tessin

40 km

Abb. 23: Verschiedene räumliche Konzepte für Metropolregionen in der Schweiz
Quelle: Eigene Darstellung

In Anbetracht dieser funktional vernetzten Metropolregion ist es wenig hilfreich, einzelne Teilgebiete wie Kantone, Kleinstädte und Gemeinden isoliert zu betrachten, zumindest dann, wenn eine grossräumige Entwicklungsperspektive geschaffen werden soll. Dennoch ist der hoheitlich abgegrenzte Blick auf die vernetzte Welt im föderal-administrativen System der Schweiz noch an der Tagesordnung. Jeder Kanton soll, so wird noch immer von wesentlichen Teilen der Politik gefordert, möglichst weit gehend eigenständig für die Entwicklung der Wirtschaft und seines Lebensraumes zuständig sein. Ausdruck davon ist etwa die Forderung der Konferenz Kantonaler Volkswirtschaftsdirektoren, dass bei der künftigen Regionalpolitik die Kantone die ausschliesslichen Ansprechpartner des Bundes sein sollen (Konferenz Kantonaler Volkswirtschaftsdirektoren 2005).

Die Veränderung der Raumstruktur der Schweiz und die Frage nach ihrer räumlichen Einteilung hat seit Jahren Eingang in die öffentliche Debatte gefunden. Sie ist Gegenstand verschiedener in jüngster Zeit entstandener Studien und Veröffentlichungen, deren Untersuchungsansätze und Ergebnisse sich von denen der vorliegenden Veröffentlichung unterscheiden.

Einen Diskussionsbeitrag zur räumlichen und politischen Organisation der Schweiz liefert die BAK Basel Economics (Blöchliger 2005). Die BAK überlagert die von ihr identifizierten sechs Metropolitanregionen mit den

Kantonsgrenzen und zeigt damit die deutlichen und zahlreichen Brüche zwischen föderaler und funktionaler Gestalt der Schweiz. Die BAK stützt ihre Definition der Metropolitanregionen auf die vom Bundesamt für Statistik eingesetzte Abgrenzung von Arbeitsmarktregionen. So definieren die Pendlereinzugsgebiete fünf Grossagglomerationen, zu denen das in die Lombardei hineinragende Lugano gezählt wird. Hingegen ist die zentrale Erkenntnis der vorliegenden Untersuchungen in der Europäischen Metropolregion Nordschweiz, dass Pendlerräume alleine noch keine genügenden Hinweise auf metropolitane Zusammenhänge bieten. Die Analyse der Unternehmensbeziehungen in den vorangehenden Kapiteln macht vielmehr sichtbar, dass die beiden grossen schweizerischen Metropolregionen «im Verborgenen» weit über die Pendlerregionen hinausweisen.

In *Abbildung 23* sind die Metropolitanregionen der BAK Basel Economics (Blöchliger 2005) und der vorliegenden Analyse zusammengefügt. Fast zeitgleich mit der Studie der BAK Basel Economics hat das Bundesamt für Raumentwicklung seinen Raumentwicklungsbericht veröffentlicht (Bundesamt für Raumentwicklung 2005). Die Autoren anerkennen, dass sich die wachsende Dynamik von Metropolitanregionen zunehmend im Konflikt mit dem föderalen System der Schweiz befindet. Sie gehen von einer Raumstruktur der Schweiz mit fünf Metropolitanregionen Zürich, Basel, Genève-Lausanne, Bern und Tessin aus, die statistisch aufgrund von Pendlerdaten ermittelt wurden (Bundesamt für Raumentwicklung 2004). Dabei wird der Prozess des Bevölkerungs- und Wirtschaftswachstums in den drei erstgenannten Metropolitanregionen als besonders stark ausgeprägt erkannt (Bundesamt für Raumentwicklung 2005).

Das ETH-Studio Basel hat mit dem Titel «Die Schweiz. Ein städtebauliches Porträt» (Diener et al. 2005) eine Zustandsbeschreibung geliefert, in der sie die Schweiz nach morphologischen Merkmalen einteilt. Ergänzt wird die rein morphologische Betrachtung durch so genannte «Bohrungen» in Form von statistischen Daten, Interviews und Fotografien. Im Gegensatz zum Raumentwicklungsbericht hält diese Arbeit der Schweiz ohne Rücksicht auf politische Wunschbilder einen Spiegel vor. Ihre Grundannahme ist, dass die gesamte Schweiz verstädtert ist. Die Autoren teilen das Land nach vorwiegend morphologischen Kriterien, ergänzt durch statistische Daten, in Regionen mit unterschiedlichen Verstädterungsgraden neu ein: Die fünf von ihnen identifizierten Zonen umfassen drei Metropolregionen, sechs Städtenetze, drei stille Zonen, 55 alpine Ressorts und eine alpine Brache. Diese Zonen sind «Feststellungen», Gegenwartsaufnahmen der Realität (Loderer und Gantenbein 2005). Ihre Untersuchungen liefern damit einen verdienstvollen Beitrag für einen offenen und frischen Blick auf die Schweiz von heute. Fragen bleiben vor allem aufgrund der geringen Analysetiefe offen. Durch die morphologische Betrachtung kommt das ETH-Studio Basel zum Beispiel zum Schluss, dass die Region Basel keinesfalls mit dem Wirtschaftsraum Zürich verbunden ist. Die Basler Architekten zeichnen mit den fünf oben genannten Raumkategorien das neue Gesicht der Schweiz, lassen aber die kraftvolle Realität der ökonomisch getriebenen Wertschöpfungs- und Standortprozesse ausser Acht.

Eine zentrale Erkenntnis, die in diesem Buch zum Ausdruck kommt, ist, dass nur problemorientierte, an konkreten Handlungsfeldern aufgehängte Perspektiven die neue komplexe Realität der Raumentwicklung zu erfassen vermögen. Damit aber letztlich auch innovatives politisches Handeln daraus erwächst, kann nicht ausführlich genug auf der Ebene der gemeinsamen Wahrnehmung angesetzt werden. Die Prozesse der Raumentwicklung lassen sich nicht einfach in herkömmliche Raumkategorien fassen. Es macht sogar den Anschein, dass sich mit jeder weiteren analytischen Ausdifferenzierung von Raumtypen – zum Beispiel der ländlichen Räume – das eigentlich erwünschte Verständnis über die Dynamik der Wechselbeziehungen weiter verflüchtigt.

Vermutlich sind neuartige und wagemutigere, aber zugleich in der Realität verankerte Wege zu suchen, um eine nachhaltig ausgerichtete, vertikale und horizontale Koordination von sektoralen Politikthemen zu stärken. Das folgende Kapitel erklärt diese Herangehensweisen an Probleme der Raumentwicklung einlässlicher, zeigt die bestehenden Hindernisse auf und skizziert Stossrichtungen für künftige Konzepte zur Steuerung der Raumentwicklung.

4
Die schweizerische Raumentwicklungs-politik der Metropolregionen

In der Schweiz findet ein räumlicher Konzentrationsprozess der wirtschaftlichen Wertschöpfung in zwei Metropolregionen, der Nordschweiz und dem Arc Lémanique, statt. Die Zusammenhänge und treibenden Kräfte wurden in den vorangegangenen Kapiteln untersucht und dargestellt. Zentral für die Dynamik der räumlichen Entwicklung ist, dass die Achse der Agglomerationen Zürich und Basel das Rückgrat einer Metropolregion Nordschweiz bildet. Die Firmen an ihren Standorten innerhalb und ausserhalb der Metropolregionen unterhalten physische und virtuelle Austauschbeziehungen. Es ist deutlich geworden, dass unternehmerische Strategien zur Standortwahl die räumliche Dynamik in den letzten Jahren zunehmend mitbestimmt haben. Damit ist zu erwarten, dass die arbeitsteiligen Prozesse zur Erstellung wissensintensiver Dienstleistungen die Raumstruktur in Zukunft zunehmend prägen werden. Wie reagieren nun die Verantwortlichen der schweizerischen Raumentwicklungspolitik auf die Herausforderung der sich wandelnden räumlichen Entwicklung?

Die Dynamik der Veränderung der Raumstruktur wird deutlicher, wenn gleichzeitige, sich überlagernde Prozesse auf verschiedenen Massstabsebenen betrachtet werden. Das vorliegende Kapitel beginnt daher mit einem kurzen Blick auf die nationale, metropolitane, regionale und lokale Massstabsebene.

Im Weiteren wird die aktuelle Stossrichtung der Raumentwicklungspolitik des Bundes betrachtet. Ausgangspunkt ist dabei der Umstand, dass die Anerkennung der Bedeutung der schweizerischen Städte erst spät Eingang in die Ausrichtung der Politik gefunden hat. Die bestehenden Prinzipien, Ziele und Politikprogramme zur Raumentwicklung werden ausgelegt und kritisch betrachtet. Davon ausgehend wird im nächsten Schritt ein handlungsorientiertes Modell für eine wirksame Metropolitan Governance vorgeschlagen, bestehend aus drei Dimensionen: den Strategien, Strukturen und der Kultur der Governance. Für jede Dimension wird eine zukünftige Aktionsrichtung aufgezeigt, optimistisch, aber nicht realitätsfern, sondern eng Bezug nehmend auf bestehende Politikansätze und Realitäten. Für die Dimension der Governance-Strategien wird ein querschnittsorientiertes Politikbündel vorgeschlagen. Die Dimension der Governance-Strukturen wird vor dem Hintergrund der aktuellen Debatte über Föderalismus und Governance beleuchtet. Dabei wird die Frage nach dem passenden Gefäss einer grossregionalen Organisationsform für die Nordschweiz ergebnisoffen diskutiert und an den nötigen Funktionsweisen orientiert. Für die Dimension der Governance-Kultur werden die notwendigen Ansatzpunkte für die Bewusstseinsbildung über räumliche Zusammenhänge und ihre Wahrnehmung vorgeschlagen.

Die Bedeutung des Begriffs «Raumentwicklungspolitik» in diesem Buch ist entlang der Einteilung der politischen Ressorts in der Schweiz definiert. Die Raumentwicklungspolitik im engeren Sinne ist in der Schweiz der Oberbegriff für die vom Bundesamt für Raumentwicklung verwaltete Raumplanung und die Regionalpolitik, die beim Staatssekretariat für Wirtschaft (seco) als Teilgebiet der Standortförderung angesiedelt ist. Die Raumentwicklung im engeren Sinne macht nur einen sehr geringen Teil der Transferzahlungen des gesamten Bundeshaushaltes aus. Aufwendungen für Umwelt und räumliche Entwicklung wurden für das Jahr 2003 mit rund 2,8 Prozent der gesamten Transfersumme budgetiert. Davon entfallen 0,6 Prozent auf die Aufgaben der räumlichen Entwicklung inklusive dem Schutz der ländlichen Attraktivitätswerte und Aufwendungen für Investitionshilfe für Berggebiete (IHG-Zuschüsse) (OECD 2002: 132).

4.1 Massstabssprünge und Perspektivenwechsel

Da sich die komplexe Dynamik räumlicher Prozesse nicht zweidimensional in einer einzigen Karte der Schweiz erfassen lässt, muss die Perspektive zwischen den Massstabsebenen wechseln. Es gilt zu verstehen, wie sich klein- und grossräumige, funktionale Verflechtungen zwischen der nationalen Ebene, der Ebene der Metropolregionen, der Ebene der Kantone, der Ebene der Teilregionen und der kommunalen Ebene bis hin zur Ebene eines Stadtteils abspielen.

Für die Massstabsebene Gesamtschweiz ist die Dynamik der räumlichen Verteilung von einer Konzentration der Wertschöpfungskraft in Metropolregionen bestimmt, diese ist in Kapitel 3 dargestellt worden. Zentral ist, dass die beiden Metropolregionen Nordschweiz und Arc Lémanique als Drehscheibe zwischen der globalen und lokalen Welt der Wissensökonomie funktionieren. Der übergeordnete Trend der Konzentration der wirtschaftlichen Entwicklung in den Metropolregionen bedeutet jedoch nicht, dass ausserhalb dieser Aktivitätszentren ein «Nichts» klafft. Vielmehr haben die vielfältigen, periurbanen ländlichen Räume, alpinen Tourismuszentren und peripheren ländlichen Räume (Bundesamt für Raumentwicklung 2005: 26) ihre jeweilige regionale und lokale wirtschaftliche Bedeutung. Gleichzeitig funktionieren sie als komplementäre Räume für die städtischen Gebiete. Eine beispielhafte komplementäre Funktion als Lebensqualitätsfaktor besteht zwischen den dicht besiedelten Agglomerationen und Kernstädten und den rasch erreichbaren alpinen Tourismusdestinationen.

Wechselt man die Perspektive von der Gesamtschweiz auf die Massstabsebene der Metropolregion Nordschweiz, wird als vorherrschende Dynamik die Konzentration der Wertschöpfung insbesondere in den Kernstädten der Agglomerationen Zürich und Basel sichtbar, zu einem wesentlich geringeren Anteil in den mittleren und kleinen Städten wie Aarau, Zug oder St. Gallen. Die Tätigkeiten und Vernetzungen dieser Unternehmen finden in der ganzen Metropolregion statt und bilden so wirtschaftliche Zusammenhänge. Die Erkenntnis, die gesamte Region als grossräumiges Produktions- und Innovationssystem zu begreifen, lässt sich in der Routine des Tagesgeschäftes von den Akteuren in Gemeinden, Kanton und Bund allerdings nicht oder nur zögernd in Konzepte und Massnahmen verwandeln.

Zoomt man den Blick nun ganz nahe auf die Stadtteilebene zum Beispiel der Städte Zürich und Basel, auf die Entwicklungsgebiete Zürich Nord, Basel Nord mit dem Novartis-Campus oder Zürich West, wird als ein Aspekt die Konzentration von APS-Unternehmen und die Schaffung neuen Wohnraums für Familien und höhere Einkommensschichten deutlich. Hier werden Ideen in ihrem urbanen Umfeld entwickelt, Prozesse entworfen und Gesamtprozesse für die Wertschöpfung definiert. Durch ihre Lage bieten diese Gebiete hochwertige Agglomerations- und Nähevorteile. Doch der «grosse Blick» auf die Region und der Blick des Quartiers werden strategisch zu wenig verbunden, ihre Dynamik und wechselseitigen Funktionen werden häufig auf lokale Bau- und Verkehrsfragen reduziert. Die Überlagerung grossräumiger und quartiersbezogener Nutzungen zeigt Kapazitätsprobleme beim Verkehr, umso mehr, als die effiziente Anbindung an den regionalen Verkehr und lokale Verkehrsprobleme nicht entflochten und nicht im räumlichen Kontext angegangen werden.

Der Perspektivenwechsel auf die Massstabsebene einer Teilregion wie das Zürcher Limmattal oder die Agglomeration Aarau-Olten-Zofingen innerhalb der Metropolregion Nordschweiz zeigt die Orte der Umsetzung von Prozessen in den Backoffices in den Gewerbeparks der Agglomerationsgürtel. Zwar sind die Kernstädte zentrale Produzenten von Standortqualitäten, doch schliesst die umfassende Wertschöpfungskette die Nachbarn mit in den Prozess ein, sodass erst die Gesamtheit lokaler Standorte die Funktion der Grossregion prägt.

Gut ausgebildete Arbeitskräfte sind ein Standortfaktor für die Entscheidung zur Unternehmensansiedlung, umgekehrt ziehen Arbeitsplätze Arbeitskräfte an. Je nach Ausbildungsniveau, Einkommen und Möglichkeiten werden Lebensstile und Wohnumfelder gewählt, beziehungsweise an die Umstände angepasst. Das spiegelt sich in Wohnstilen von der gehobenen Stadtwohnung über die Genossenschaftssiedlung bis zu Einfamilienhäusern in den noch ländlich scheinenden Teilen der Agglomerationsgürtel oder in der Peripherie. Es folgen Verkehrsinfrastrukturen und grossflächige Einzelhandelszentren. Die Konzentration von Headoffices, Hochschulstandorten und ergänzenden Dienstleistungen in den Kernstädten als Treiber dieser Entwicklung steht in engem Zusammenhang mit der Expansion an den Rändern in den Agglomerationsgürteln.

Es ist deutlich geworden, dass die isolierte Betrachtung nur einer Massstabsebene nicht die gesamte räumliche Dynamik einer Volkswirtschaft erfassen kann. Die Dynamik aus Konzentration und Dispersion im grossen Bild wiederholt sich in Ausschnitten auf allen Massstabsebenen von der nationalen Ebene bis zum Quartier. Ein Teilausschnitt, etwa eine einzelne Agglomerationsgemeinde oder ein Stadtteil, erklärt nicht die gesamte Dynamik. Tatsächlich ist der Gegenstand der Auseinandersetzung längst die Grossregion, die von Basel bis St. Gallen reicht, mit unterschiedlich dichten urbanen Siedlungsformen aus Kernstädten, Agglomerationsgürteln und periurbanen Räumen.

Auf den folgenden Seiten illustriert eine Fotosequenz die Metropolregion Nordschweiz. Die Perspektive wechselt hin und her zwischen dem fernen und dem nahen Blickwinkel, zwischen Stadtteil und Region. Immer wieder sind Menschen sichtbar, die hier raumprägend tätig sind – und damit die Raumstruktur unbemerkt verändern.

Die Fotosequenz beginnt mit einem Blick auf verschiedenartige Dienstleistungsquartiere der Stadt Zürich. Die Konzentration von Arbeitsplätzen in der Innenstadt steht in direktem Zusammenhang mit der Ausbreitung in der Agglomeration. Dies schlägt sich nicht zuletzt im Bau von Verkehrsinfrastrukturen nieder. Einen Perspektivenwechsel auf den regionalen Massstab liefert der Aussichtspunkt am Übergang zwischen Kernstadt und Agglomeration. Ein dichtes Netz von Schnellstrassen verbindet die Standorte in der Metropolregion und ermöglicht so immer weitere Pendlerwege bei gleich bleibendem Zeitaufwand. Die Stadt Zug im Nachbarkanton bildet selbst ein bedeutendes Wirtschaftszentrum und attraktiven Wohnstandort in direkter Nachbarschaft zu attraktiven Erholungsgebieten. In der weitläufigen Wirtschaftregion liegen ländliche Aussichten und Business Parks für High Tech und wissensintensive Dienstleistungen eng zusammen. Motor dieser gesamten verstädterten Grossregion und selbst eigenes Einkaufs- und Freizeitzentrum als Airport City ist der internationale Flughafen Zürich-Kloten. Einfamilienhäuser in der Peripherie und ländlich anmutende Wohngegenden sind ebenso Elemente der Metropolregion wie die dichten Innenstädte der Kernstädte.

4.2 Die kurze Geschichte einer «urbanen Raumentwicklungspolitik»

In der schweizerischen Raumentwicklungspolitik des Bundes findet die Anerkennung der herausragenden wirtschaftlichen und sozialen Bedeutung von Städten und Agglomerationen für das gesamte Land erst seit knapp zehn Jahren ihren Niederschlag. Die negativen Auswirkungen der fehlenden Anerkennung urbaner Regionen sind nicht zu unterschätzen. Das gilt insbesondere dann, wenn Handlungen erforderlich sind, die innerhalb der politisch-administrativen Grenzen von Gemeinden, Städten und Kantonen nicht mehr gelöst werden können.

Der erste wichtige Schritt zur Anerkennung der Bedeutung der Agglomerationen für die soziale und wirtschaftliche Entwicklung der Schweiz war die Erarbeitung der 1996 verabschiedeten «Grundzüge der Raumordnung Schweiz» (Bundesamt für Raumplanung 1996). Hier wurde erstmals die Relevanz der Agglomerationen für die soziale und ökonomische Entwicklung definiert. Als weiterer Meilenstein verlangt die 1999 revidierte Bundesverfassung in Artikel 50, Absatz 3, dass der Bund «Rücksicht auf die besondere Situation der Städte und der Agglomerationen sowie der Berggebiete» nimmt (Bundesverfassung der schweizerischen Eidgenossenschaft vom 18. April 1999). Ebenfalls 1999 erschien der Bericht über die Kernstädte als Antwort des Bundesrates auf das Postulat der nationalrätlichen Kommission für Wirtschaft und Abgaben vom Januar 1997. Der Bundesrat war aufgefordert, das Ausmass und den Ausgleich der Zentrumslasten, die die Kernstädte in der Schweiz tragen, zu prüfen (Bundesrat 1999).

4.2.1 Polyzentralität, dezentrale Konzentration und Städtenetze als Prinzip und Strategie

Parallel zur Entfaltung der Debatte um eine urbane Raumordnung hat der schweizerische Bundesrat 1998 die Übereinstimmung mit den Zielen des EUREK erklärt. Das EUREK postuliert als zentrale Strategie eine polyzentrische und ausgewogene Raumentwicklung. Das polyzentrische Entwicklungsmodell soll dazu dienen, eine weitere übermässige Konzentration von Wirtschaftskraft und Bevölkerung im Kernraum der EU zu verhindern. Auf den nachfolgenden nationalen und regionalen Ebenen sollen sich raumwirksame politische Entscheidungen an dem polyzentrischen Entwicklungsmodell orientieren. Es wird eine dezentrale Siedlungsstruktur mit einer abgestuften Rangfolge von Städten angestrebt, die Städte sollen sich in Städtenetzen ergänzen und miteinander kooperieren. Ein Netzwerk komplementärer kleinerer und mittlerer Städte soll, so die normative Vorstellung des Raumentwicklungskonzeptes, die Zentren von ihrer übermässigen Konzentration von Bevölkerung und Entwicklung und der einhergehenden Bürde wie Sozialausgaben und Verkehrsproblematik entlasten. Zudem soll die Zusammenarbeit zwischen den Städten die Komplementarität auch in den Bereichen Kultur, Erziehung, Bildung und soziale Infrastruktur fördern. Die Autoren des EUREK gehen davon aus, dass damit die kleineren und mittleren Städte wichtige Funktionen übernehmen und somit die Chance haben, einen Teil der Entwicklungsdynamik an sich zu ziehen und an den ökonomischen Vorteilen zu partizipieren (CEC 1999). Eine eingehende Betrachtung des Konzeptes der Polyzentralität wirft allerdings verschiedene Fragen auf. Zum einen wird es sowohl als analytisches Instrument zur Beschreibung mehrpoliger Regionen als auch als normative Zielvorstellung für die räumliche Entwicklung herangezogen (Davoudi 2003). Neben dieser problematischen Vermischung der Anwendungsbereiche ist zum anderen fraglich, ob die Verfolgung des Leitbildes zu einer nachhaltigen Entwicklung führt oder ob nicht zum Beispiel die Verteilung auf komplementäre Zentren zu mehr Verkehrsbewegungen und einer unerwünschten Ausbreitung von Siedlungs- und Verkehrsinfrastrukturen führt.

Das Prinzip der Polyzentralität findet sich in der Schweiz in Form eines Selbstverständnisses der Raumplanung, das von einer Ausgleichsvorstellung geprägt ist. Danach leben Ausgleichs- und Wachstumsziele in Harmonie im Sinne einer Annäherung der Entwicklung. Diese Theorie wird in der Planung seit den 1960er Jahren durch das Konzept der «dezentralen Konzentration» verfolgt und findet sich in den «Grundzügen der Raumordnung Schweiz» in Form des Konzeptes des «Vernetzten Städtesystems Schweiz» (Bundesamt für Raumplanung 1996: 46), das von Frey und Zimmermann (2005) kritisch gewertet wird: «Man ging also nicht von vorhandenen Orten einer gewissen Bedeutung und Funktion aus und überlegte sich, welche Rolle sie in der gesamten Siedlungsstruktur spielen. Vielmehr definierte man in der Fläche Regionen mit Versorgungs- und Entwicklungsdefiziten und suchte dann einen Nukleus für die gewünschte Entwicklung. Allenfalls fragte man, wie weit das nächste Oberzentrum entfernt ist, weil von diesem Ausstrahlung und zentralörtliche Leistungen ausgehen sollten (Frey und Zimmermann 2005: 6).

Das Prinzip des vernetzten Städtesystems ist seither eine massgebliche Grundlage für strategische Ansätze, die in die Politikdokumente zur Raumplanung eingegangen sind. Es wird sowohl in der Agglomerationspolitik des Bundes (Bundesrat 2001) als auch im Raumkonzept Schweiz (Bundesamt für Raumentwicklung 2005) aufgegriffen. Mit der Agglomerationspolitik engagiert sich der Bund seit 2001 für den gesamten urbanen Raum der Schweiz. Er hat zum Ziel, die nachhaltige Entwicklung zu fördern, die wirtschaftliche Attraktivität und Lebensqualität zu gewährleisten, das polyzentrische Netz von grossen, kleinen und mittleren Städten und Agglomerationen zu bewahren und die Ausdehnung der Agglomerationen zu begrenzen (Bundesrat 2001).

Zur Umsetzung stehen dem Bund die Unterstützung von Modellvorhaben und die Einführung von Agglomerationsprogrammen zur Verfügung. Mit den Modellvorhaben will der Bund in einer ersten Phase innovative Projekte in den Agglomerationen fördern, die eine Verstärkung der Zusammenarbeit zum Ziel haben. Teilweise münden die Modellvorhaben in die Erarbeitung von Agglomerationsprogrammen. Dies sind Aktionspläne, die für gemeinsame Probleme innerhalb der Agglomerationen sektorübergreifend von kantonalen und kommunalen Trägern erarbeitet und vom Bund unterstützt werden. Derzeit liegt der Schwerpunkt der Agglomerationsprogramme auf der Abstimmung von Siedlung und Verkehr (Bundesrat 2001, Bundesamt für Raumentwicklung 2003). Mit der Agglomerationspolitik trägt der Bundesrat der Tatsache Rechnung, dass die Strukturen den funktionalen Räumen nicht mehr angepasst sind, und der Ansatz der Agglomerationspolitik als Handlungsperimeter zu klein bemessen ist.

Die strategischen Grundausrichtungen im 2005 erschienenen Raumkonzept Schweiz beinhalten zum Prinzip der Polyzentralität vor allem zwei Punkte (Bundesamt für Raumentwicklung 2005: 88):

–   «Netz der Metropolen und Netz der Städte: Die urbane Schweiz ist in zwei Netzen organisiert: im Netz der Metropolen Zürich, Genf-Lausanne, Basel, Bern und Tessin einerseits, im Netz der übrigen Städte und Agglomerationen andererseits. Jede Metropole ist polyzentrisch, besteht also aus verschiedenen Kernstädten ...»

–   «Strategische Städtenetze: Die Städte, die keinem Metropolitanraum angehören, schliessen sich zu strategischen Städtenetzen zusammen. Diese Netze sind offen und in unterschiedlicher Weise mit den Metropolen verknüpft.»

Das Raumkonzept folgt einer Haltung des Bundesamtes für Raumentwicklung, dessen Stossrichtung mit folgendem Zitat anschaulich wird: «Das ‹Raumkonzept Schweiz› versucht, das Trendszenario 1 – ‹Eine Schweiz der Metropolen› – und dessen unausgewogene räumliche Entwicklung abzuwenden. Dieses Szenario beruht auf drei sehr dynamischen Metropolen, die allerdings fast die gesamte Vitalität des Landes an sich reissen würden» (Bundesamt für Raumentwicklung 2005: 87).

Damit wird ein Ausgleich zwischen städtischen und ländlichen Räumen angestrebt, der durch die Schwächung der Metropolregionen erreicht werden soll. Zwischen den strategischen Grundausrichtungen und Zielen des Raumkonzeptes und den vorliegenden Ergebnissen über die Europäische Metropolregion Nordschweiz ist eine Diskrepanz sichtbar. In erster Linie steht sie der Tatsache entgegen, dass der grösste Teil der Wertschöpfung in den Metropolregionen konzentriert ist.

4.2.2   Brüche zwischen raumplanerischer und wirtschaftlicher Logik

Die Raumplanung legt Normen für die optimale Bodennutzung fest, das heisst, sie ist in einer territorialen Logik verankert. Die Regionalpolitik verfolgt nach den Gesetzmässigkeiten einer funktionalen Logik die Entwicklung von Teilräumen der schweizerischen Volkswirtschaft (Frey und Zimmermann 2005).

Was aus Sicht von Standortstrategen, Unternehmen und Wirtschaftsförderungen ein möglichst optimales Setting für ihre Aktivitäten ist, wirkt sich entscheidend auf die räumliche Struktur in den Metropolregionen aus. Grob skizziert bestehen die Muster in den Metropolregionen aus Kernstädten, hoch verdichteten Agglomerationsräumen sowie geringer besiedelten, aber gut erreichbaren Zwischenzonen. Die räumliche Entwicklung ist durch das Begriffspaar von Konzentration und Dispersion gekennzeichnet. Das heisst, die Dichte der Kernstädte ist ohne die Ausbreitung in den Agglomerationsgürteln mit ihren Backoffices, Verteilzentren und grossflächigen Einkaufszentren und suburbanen und periurbanen Wohnformen nicht denkbar.

Diese expandierende Entwicklung, die der funktionalen Logik der raumstrukturierenden Handlungen von wirtschaftlichen Akteuren folgt, steht den normativen Leitbildern der Raumplanung entgegen. Folglich beschreiben Planwerke und Berichte von Bund und Kantonen aus der Perspektive der räumlichen Ordnung die Realität verstädterter Räume mit kritischen Worten. Das Idealbild der räumlichen Entwicklung reibt sich an der Realität. Als Antwort werden dieser Realität Normen einer geordneten, ausgeglichenen und solidarischen Schweiz entgegengesetzt, die angesichts der tatsächlichen Dynamik und der relativ geringen Ausstattung der Raumplanung mit Ressourcen und Kompetenzen immer weniger durchsetzbar sind. Die Brüche zwischen der normativen, territorialen Logik der Raumplanung einerseits und der funktionalen Logik der wirtschaftlichen Entwicklung markieren die Herausforderung für die Steuerung einer nachhaltigen räumlichen Entwicklung.

4.3   Ein Handlungsmodell für die Governance in Metropolregionen

In den vorangegangenen Kapiteln ist deutlich geworden, dass die Stossrichtung der aktuellen schweizerischen Raumentwicklungspolitik Antworten für die effektive Steuerung der räumlichen Entwicklung fordert. Dies eröffnet das Diskussionsfeld für das Thema Governance. Darunter versteht man die Organisation und Lenkung von Gebietskörperschaften und Institutionen sowie der entsprechenden Verfahren zur Entscheidungsfindung, Mitwirkung und Einflussnahme (OECD 2001). Die OECD hält weiterhin fest, dass sich eine verbesserte Metropolitan Governance nicht allein durch die Reform von Institutionen und Finanzen ergibt. Vielmehr steht hier die Veränderung der Haltung und der Entwicklung einer Governance-Kultur im Vordergrund. Benz und Fürst (2002) gehen davon aus, dass mittels «institutionellen Lernens» Erfahrungen aus Governance-Projekten schliesslich zu einer dauerhaften Weiterentwicklung der Staats- und Verwaltungsstrukturen führen.

Bevor die Zusammenhänge in den folgenden Kapiteln konkret entlang der politischen Diskussion in der Schweiz beleuchtet werden, wird hier der Hintergrund zur theoretischen Einordnung der notwendigen Handlungsebenen angeboten. Ausgehend von dieser Grundvoraussetzung können für ein Handlungsmodell der Metropolitan Governance zentrale Elemente des St. Galler Management-Konzeptes beigezogen werden. Dieses Konzept integriert die Inhalts- mit der Lernprozessebene. Damit gewinnen die Handlungsträger ein Verständnis über die Steuerungsmöglichkeiten von Entwicklungsprozessen (Rüegg-Stürm 2002; Schwaninger 1997; Thierstein et al. 2003). In *Abbildung 24* werden die Grundelemente zusammengefasst. Das Handlungsmodell basiert zunächst auf einer Analyse der vorhandenen

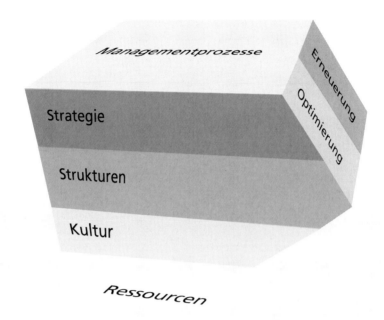

Ressourcen für eine nachhaltige Raumentwicklung sowie der Einschätzung zur Dringlichkeit des Handlungsbedarfes. Die Ressourcenfrage verweist auf das Verhältnis von Wertschöpfung, die in der Metropolregion selber erarbeitet wird, und von politisch begründeten Transfereinkommen. Die beiden Modi «Erneuerung» und «Optimierung» sprechen den unterschiedlich dringlichen Handlungsbedarf an. Zum Beispiel sind Handlungsgeschwindigkeit oder Organisationsstruktur in der Governance-Diskussion für die Metropolregion Nordschweiz eher im Dringlichkeits-Modus «Optimierung» anzupacken. Im Gegensatz dazu gilt zum Beispiel im Umstrukturierungsraum der Leventina eher der Modus «Erneuerung». Hier finden die Akteure aufgrund des Niedergangs der Metallindustrie grundlegend veränderte Herausforderungen vor.

Es geht darum, ein Modell einzusetzen, das die komplexen Problemstellungen zur Steuerung der Europäischen Metropolregion Nordschweiz erfassen kann. Dazu gehört der oben beschriebene Perspektivenwechsel zwischen verschiedenen Massstabsebenen, das Abweichen funktionaler Räume von den politisch-administrativen Grenzen, die Überlagerung von Steuerungsbedürfnissen und -leistungen und die Notwendigkeit, Themen sektorübergreifend zu behandeln. Der Governance-Cube fügt drei Handlungsstränge zusammen, die sich in einem langfristig tragfähigen Prozess gegenseitig bedingen müssen.

Abb. 24:
Der Governance-Cube als Handlungsmodell für Metropolregionen
Quellen: Schwaninger 1997, verändert in Thierstein und Gabi 2004

Die Dimension «Governance-Strategie» des Handlungsmodelles beschreibt Tätigkeiten, die aufgrund der Rolle einer Region notwendig sind. Es geht darum zu identifizieren, welche Funktion sie für die Gesamtschweiz einnimmt, ob sie einen europäisch oder regional orientierten Wirtschaftsraum darstellt und welcher Anteil der Wertschöpfung sich dort konzentriert. Für die Schweiz besteht die Notwendigkeit, über räumlich differenzierte Entwicklungsstrategien für die verschiedenen Raumtypen zu debattieren. Es gilt auszuhandeln, welche Stellung ein funktionaler Raum wie die Europäische Metropolregion Nordschweiz bei der Allokation öffentlicher wie privater Investitions- und Unterhaltsmittel erhält.

Diese skizzierte Strategiediskussion muss der Debatte über die Verteilung knapper Mittel stets vorangehen. Die Stossrichtung vieler Planungsdiskussionen, wie sie zum Beispiel auch in einer Ankündigung zu einer Fachtagung im benachbarten Deutschland sichtbar wird, greift da zu kurz: «Raumordnung und Städtebau sind aufgefordert, gemeinsam mit den Fachplanungsträgern die regionale und kommunale Daseinsvorsorge zu akzeptablen Kosten sicherzustellen.»

Die Dimension «Governance-Struktur» des Handlungsmodells bezeichnet die relativ stabilen Anordnungen in Zeit und Raum. Dabei geht es um die Aufbau- und Ablauforganisation sowie die Informations- und Managementsysteme im Sinne von Regelwerken, die die Erfüllung der Aufgaben unterstützen. Praktisch kann das bedeuten, dass Formen der Zusammenarbeit, von der juristisch gefassten Gebietskörperschaft bis zur Diskussionsplattform oder einem Erfahrungsaustausch-Forum für die engagierte Öffentlichkeit, entwickelt werden. Als weitere Ablauforganisation kann ein Monitoring über die Entwicklungsdynamik von wissensintensiven Wirtschaftstätigkeiten für die Metropolregionen hilfreich sein.

Die Dimension «Kultur» des Governance-Cube schliesslich umfasst die Verhaltensmuster, insbesondere die ihnen zugrunde liegenden kulturellen Denkweisen, Werte, Prinzipien und Normen, wiederkehrende Routinen und Vertrauensformen. Praktisch kann darunter die Offenheit und Kreativität verstanden werden, mit welcher Handlungsträger in Metropolregionen miteinander ihre strategischen Diskussionen führen. Entwickelt sich ein auf Gegenseitigkeit und Austausch bauendes Verständnis über das, was auf dem Spiel steht – oder steht Missgunst, Misstrauen oder Kirchturmdenken im Vordergrund?

In den folgenden Unterkapiteln werden die drei Dimensionen des Governance-Cube für die Europäische Metropolregion Nordschweiz näher beleuchtet und in politische Handlungsansätze gemünzt.

4.4 Das strategische Dreibein aus Raumplanung, Regionalpolitik und Standortentwicklung

Politische Entscheidungsträger laufen Gefahr, mit einem territorialen Verständnis der Raumentwicklung an der Realität der «verborgenen», grenzüberschreitend gesteuerten Raumentwicklung vorbeizudenken. Um dem entgegenzuwirken, müssen passende Strategien entwickelt werden. Hier kommt die Governance-Strategie als Handlungsebene des zuvor dargestellten Management-Cube ins Spiel.

Die Frage lautet: Wie gelingt es, die raumwirksamen sektoralen Politikfelder so zu koordinieren, dass langfristig tragfähige räumliche Veränderungen entstehen können? Eine entsprechende Strategie muss erstens den Perspektivenwechsel zwischen gross- und kleinräumigen Massstabsebenen im Auge behalten. Zweitens gilt es, die Brüche zwischen der territorialen Logik der Raumplanung und der funktionalen Logik wirtschaftlicher Wertschöpfung einzubeziehen. Drittens darf eine wirkungsvolle Strategie städtische und ländliche Räume nicht als Gegensätze verstehen, sondern muss deren Komplementarität berücksichtigen.

Die sinnvolle Gestaltung oder Steuerung der Metropolregionen ist heute nur möglich, wenn Standortentwicklungs- und Raumentwicklungspolitik in sinnvoller Wechselwirkung verknüpft werden. Die Antwort muss daher auf einem neuen Ansatz eines Dreibeins stehen, der die räumlichen und inhaltlichen Bezüge von drei zentralen Politikfeldern verbindet. Einen Überblick über die drei wichtigsten Politikfelder und die Ebenen ihrer Wirksamkeit zeigt die *Abbildung 25*.

Das hier dargestellte Dreibein verbindet aktuelle Tendenzen der Politikdiskussion mit den weiter vorne vorgestellten analytischen und institutionellen Erkenntnissen zur Dynamik und den Standortanforderungen der Wissensökonomie. Die Überzeugungskraft dieses strategischen Dreibeins hängt massgeblich von der Fähigkeit ab, die Integration der drei unterschiedenen Politikfelder voranzutreiben. Damit ist das Dreibein keine losgelöste Vision, sondern als Strategie-Empfehlung für die komplementäre Aufgabenverschränkung zu verstehen.

4.4.1 Die Neue Regionalpolitik und die Metropolregionen

Das Bundesamt für Raumentwicklung unterscheidet jeweils Metropolitanräume, Kernstädte und Agglomerationen als städtische Raumtypen. Zu den ländlichen Raumtypen gehören periurbane ländliche Räume, alpine Tourismuszentren und periphere ländliche Räume (Bundesamt für Raumentwicklung 2005: 26).

In der Realität zeichnet sich aufgrund der vorherrschenden politischen Kräfte eine zunehmende Zweiteilung der konzeptionellen und instrumentellen Vorkehrungen der räumlichen Entwicklung in der Schweiz ab. Trotz der Erkenntnisse zur Komplementarität von städtischen und ländlichen Räumen will die Neue Regionalpolitik (NRP) statt einer zunächst angepeilten gesamträumlichen Entwicklung bisherige Vorteilsnehmer in ih-

Das «Dreibein» der Raumentwicklungspolitik

Raumplanung

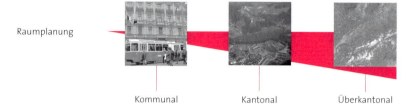

Kommunal   Kantonal   Überkantonal

Neue Regionalpolitik

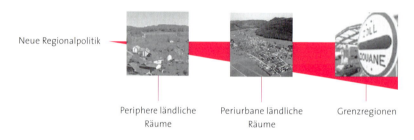

Periphere ländliche   Periurbane ländliche   Grenzregionen
Räume   Räume

Standortentwick-
lungspolitik

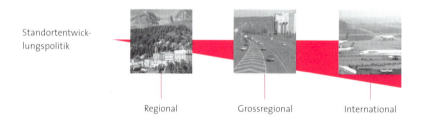

Regional   Grossregional   International

Abb. 25: Das Dreibein
der Raumentwick-
lungspolitik
Quelle: Eigene Dar-
stellung

rem Anspruch belassen. Angestrebt war eine gesamtterritoriale Politik für die Regionen gemäss den funktionalen Zusammenhängen der Wertschöpfungssysteme. Die ursprüngliche Idee der Expertengruppe und des Vernehmlassungsvorschlages (Eidgenössisches Volkswirtschaftsdepartement 2004) ist im Herbst 2005 gescheitert. Da die ab 2008 in Kraft tretende Neue Regionalpolitik (Bundesrat 2005) auf wertschöpfungsschwache Gebiete und Grenzregionen eingeengt wird und die Agglomerations-Modellvorhaben ausklammert, müsste komplementär dazu für die Agglomerationspolitik rasch eine andere rechtliche Grundlage geschaffen werden.

Die zentrale Zielsetzung der NRP ist die direkte Förderung zur Stärkung von Innovation, Wertschöpfung und Wettbewerbsfähigkeit in den Kantonen und Regionen (Konferenz Kantonaler Volkswirtschaftsdirektoren 2005). Die kantonalen Volkswirtschaftsdirektoren haben fünf Grundsätze als Leitlinien der Umsetzung der NRP erarbeitet, die verbindlich und kumulativ berücksichtigt werden sollen:
– Die Gebiete leisten eigenständige Beiträge zur Verbesserung der Wettbewerbsfähigkeit.
– Die Zentren und Gebiete bilden die Entwicklungsmotoren.
– Der Grundsatz der nachhaltigen Entwicklung wird berücksichtigt.
– Die Kantone sind die zentralen Ansprechpartner des Bundes.
– Die Bundesstellen pflegen untereinander und mit in- und ausländischen Institutionen und Organisationen eine enge Zusammenarbeit.

Entscheidend wird die Umsetzung dieser Ziele sein. Der erste Grundsatz verweist auf die zentrale Krux des relevanten Bezugs- und Handlungsmassstabes. Die Aussage «Die Gebiete leisten eigenständige Beiträge zur Verbesserung der Wettbewerbsfähigkeit» kann bedeuten, dass all jene Aktivitäten als förderungswürdig betrachtet werden, die nur aus einer lokalen oder mikroregionalen Perspektive Mehrwert schaffen. Einer wirkungsvollen Standort- und Raumentwicklungspolitik muss jedoch eine Entscheidung zur Verteilung knapper öffentlicher Mittel zugrunde liegen.

Geht die politische Entscheidung in Richtung Verteilung der Ressourcen von den wertschöpfungsstarken Metropolregionen in Richtung wirtschaftsschwacher ländlicher Räume, mit dem Ziel, einen Ausgleich der Lebensverhältnisse zu schaffen, so sind die Folgen für die gesamte Volkswirtschaft abzuwägen und zu tragen. Schlägt das Pendel in Richtung der Stärkung der Metropolregionen als Motoren der wirtschaftlichen Entwicklung aus, so müssen die Förderkriterien den Beitrag an der Leistungsfähigkeit eben dieser Metropolregionen messen.

Dies bedeutet keineswegs, dass in Zukunft nur noch auf die Stärkung der Wirtschaftskraft in den Metropolregionen gesetzt werden sollte, während die ländlichen Räume abgekoppelt werden. In Kantonen, die durch wirtschaftsschwache ländliche Räume geprägt sind, können durchaus eine positive Dynamik und die gegenseitige Unterstützung zwischen städtischen und ländlichen Räumen entstehen. Das folgende Beispiel illustriert, wie in einem partizipativen Prozess Vertreter der Region Mittelbünden seit 2001 die Schaffung des grössten Naturparks der Schweiz – «Parc Ela» mit 21 Gemeinden in den Talschaften von Albulatal und Oberalpstein – an die Hand genommen haben. Das Projekt «Parc Ela» wurde als RegioPlus-Projekt durch den Bund und den Kanton Graubünden unterstützt. Einen Impuls dazu gab der neue Richtplan des Kantons Graubünden «RIP 2000» mit der Behandlung des Themas «Regionalpark» (Amt für Raumplanung Graubünden 2003). Zudem waren Prognosen für ein stark schrumpfendes Wirtschaftswachstum und eine Abnahme der Wohnbevölkerung in dieser vormals touristisch gut positionierten Region Auslöser dafür.

Mittelbünden ist ein typischer Vertreter einer Bergregion mit kleinen und mittelgrossen Destinationen, die im Zuge der Konzentrationsprozesse im Tourismus nicht mehr in der Lage sind, ausreichend Infrastrukturen und Dienstleistungsketten gemäss internationalen Standards bereitzustellen. Innerhalb von vier Jahren hat ein Projektteam ein Parkkonzept mit zahlreichen Projektideen, mit Parkzentrum, Informationspunkten, Wanderwegen und einer qualitativ hoch stehenden Wanderkarte, entwickelt und mit einem Marketingkonzept verbunden. Es wurde eigens ein Label «Parc Ela» für touristische, landwirtschaftliche, gewerbliche und kulturelle Produkte und Dienstleistungen hoher Qualität geschaffen. Von der Vermarktung regionaler Produkte und der Verbindung und Nutzung von Natur- und Kulturpotenzialen verspricht man sich wichtige Impulse für Tourismus, Landwirtschaft und Gewerbe und gleichzeitig den langfristigen Schutz der einzigartigen Natur- und Kulturlandschaft.

Das in den Gemeinden und der Region abgestützte Konzept wird nun seit dem Frühjahr 2005 durch den Verein Parc Ela als neue Trägerschaft schrittweise umgesetzt. Eine Startfinanzierung in Höhe von CHF 400 000 übernehmen die 21 Gemeinden, verteilt über vier Jahre, als Vorfinanzierung der in Aussicht gestellten Bundesbeiträge gemäss dem bezüglich Naturparks revidierten Natur- und Heimatschutzgesetz (Novitats, 26. August 2005). Während sich das kantonale Amt für Wirtschaft und Tourismus des Kantons Graubünden anfänglich zögerlich zeigte, einen minimalen finanziellen Beitrag an diese neuartige Initiative der Regionalentwicklung zu leisten, stellte der Zürcher Lotteriefonds eine massgebliche Anstossfinanzierung für dieses aus Eigeninitiative entsprungene langfristige Projekt zur Verfügung.

Am Beispiel des Park-Ela-Projekts kann gezeigt werden, in welche Richtung die Mittel aus der NRP fliessen sollten, um eine langfristige und tragfähige Regionalentwicklung anzukurbeln. Es zielt auf die Erhaltung und Aufwertung eines attraktiven Landschaftsraumes ab und geht weit über reine Marketingmassnahmen hinaus, ohne jedoch den «Ausverkauf» eines Landstriches in Kauf zu nehmen. Allerdings, die Finanzierung für den Parc Ela erfolgt hingegen aus dem Budget des Natur- und Heimatschutzgesetzes, nicht aus den Töpfen der Wirtschaftsförderung. Im Rahmen dieser Publikation kann die Bandbreite von Strategien und Projekten für die verschiedenartigen ländlichen Raumtypen nicht abgedeckt werden. Unbestritten ist, dass der wirtschaftlichen Konzentration in den Metropolregionen in peripheren Regionen Schrumpfungsprozesse gegenüberstehen. Die Fragen nach der Bereitstellung von Finanztransfers und Infrastrukturen sind in einem demokratischen Diskurs zu klären, der die «Spielregeln» im Veränderungsprozess von vornherein offen festlegt (Thierstein et al. 2004). Besonders wichtig sind dabei eine aktive Rolle von Parlament und Regierung sowie eine transparente politische Kommunikation, die breite Schichten der Bevölkerung anspricht und einbezieht. «Der Bundesrat ist der Ansicht, dass die Problematik potenzialschwacher und peripherer Talschaften nicht primär durch den Bund gelöst werden kann» (Eidgenössisches Volkswirtschaftsdepartement 2004: 49). Als Voraussetzung für die Unterstützung durch den Bund müssen die Kantone ihre eigenen Ziele und Strategien für einzelne Regionen festlegen: Welche Siedlungs- und Wirtschaftsstrukturen werden seitens des Kantons in den einzelnen Regionen langfristig als anstrebenswert betrachtet? Welche eigenen Mittel will der Kanton aus kantonalen Sektoralpolitiken, aber auch aus dem innerkantonalen Finanzausgleich dafür bereitstellen?

4.4.2 Die Synergien von Raumplanung, Standortentwicklung und Regionalpolitik

Mit dem Oberbegriff der Standortentwicklungspolitik wird im Folgenden sowohl die Standortförderung als auch das Standortmanagement erfasst. In der Schweiz wird dieses Ressort auf Bundesebene vom Staatsekretariat für Wirtschaft (seco) verwaltet. Die Standortförderung deckt die materiell-instrumentelle Seite ab, etwa die Erstellung von Richtlinien und den Einsatz von Fördermitteln. Im Rahmen des Standortmanagements werden auf der prozessorientierten und kommunikativen Seite Visionen und Strategien für das komplexe Gebilde von Stadt- oder Metropolregionen erarbeitet.

Die Synergien von Raumplanung und Standortentwicklung werden verschiedentlich in Publikationen von Kantonsregierungen hervorgehoben. Zum Beispiel legt der Aargauer Regierungsrat mit dem politischen Vorstoss für den Standort Aargau unter dem Titel «Standort in Bewegung» ein Massnahmenpaket fest, das Raumplanung und Standortentwicklung integriert. Die Massnahmen reichen vom attraktiven Wohnstandort bis hin zu konkreten wirtschafts- und innovationsfördernden Aktivitäten. Ein Beispiel für solche Massnahmen ist die Co-Finanzierung der Nanotechnologie an der Universität Basel. Der Kanton Basel-Stadt rechnet den Beitrag des Kantons Aargau an allfällige Forderungen im Zusammenhang mit der Neugestaltung des Finanzausgleichs und der Aufgabenteilung zwischen Bund und Kantonen (NFA) an (Regierungsrat des Kantons Aargau 2005).

Hier bestätigt sich einmal mehr der empirische Befund aus dem vorangegangenen Kapitel 3, dass wirtschaftliche Wertschöpfung und damit die Förderung eines Wirtschaftsstandortes nicht durch politisch-administrative Grenzen festgelegt sind. Der Kanton Aargau steht nicht alleine mit der Erkenntnis, dass Standortqualitäten weiträumig wahrgenommen werden. Weitere Beispiele zur grossräumigen Schaffung und Vermarktung von Standortqualitäten zeigen die Kantone Schaffhausen und Thurgau, die ebenfalls dem Perimeter der Europäischen Metropolregion Nordschweiz angehören. So verkauft der Kanton Schaffhausen seine nördliche Randlage zu Deutschland mit dem Argument der hohen Erreichbarkeit und dem Attribut: «Stressfrei ohne Stau in einer halben Stunde zum Flughafen» (Wirtschaftsförderung Kanton Schaffhausen o. J.). Damit will der Kanton von Überschwappeffekten aus der hoch verdichteten Flughafenregion profitieren. Auch der Kanton Thurgau versucht sich im westlichen Kantonsteil als Wohnstandort und Entlastungsraum für die Boomtown Zürich zu präsentieren (Wirtschaftsförderung Thurgau o. J.). In beiden Kantonen versuchten zudem die Parlamente in den letzten Jahren, ihre «Randlage» innerhalb der Greater Zurich Area mit einer Steuersenkungspolitik zu kompensieren.

Das Defizit einer gesamtschweizerischen Standortentwicklungspolitik zeigt sich letztlich auch an der seit 20 Jahren andauernden Diskussion über die regionalpolitisch begründeten Steuererleichterungen für Ansiedlungsprojekte der Kantone – dem so genannten «Bonny-Beschluss». Das Gesetz über die Regionalpolitik hat zwar die stets im Bonny-Beschluss enthaltenen Zinskostenbeiträge und Bürgschaften gestrichen. Auf Druck der bisherigen Vorteilsnehmer sind allerdings die räumlich selektiv eingesetzten Steuererleichterungen im Gesetz verblieben. Die Konferenz der Kantonalen Volkswirtschaftsdirektoren (KKVD) hatte dem Bundesrat als Kompromiss vorgeschlagen, diese Steuererleichterungen auf die ganze Schweiz auszudehnen – gemäss dem Diktum der flächendeckenden NRP. Damit hätten alle Kantone von dem heute wettbewerbsverzerrenden Instrument Gebrauch machen können. Der Bundesrat hat jetzt primär aus Kostengründen darauf verzichtet. Der Kompromissvorschlag zielte auf die Notwendigkeit einer Schweizer Standortentwicklungspolitik, die zum Beispiel eine Antwort darauf formulieren sollte, wie die steuerlich begünstigte Ansiedlung spezifisch erwünschter internationaler Unternehmensfunktionen unterstützt werden kann. Steuererleichterungen und andere sektorale Anreize sollten für die zentralen Standorte – Metropolregionen mit Kompetenzzentren – konzipiert und eingesetzt werden; zum Beispiel zur verstärkten Ansiedlung von global tätigen «Corporate Services Centres», die mit wenigen hoch qualifizierten Personen Dienstleistungen für global tätige Konzerne erbringen. Aus diesen Beispielen lassen sich drei Folgerungen für die strategische Verknüpfung von Raumplanung und Standortentwicklung ziehen:

–   Mit der Unterstützung für Kompetenzzentren in anderen zentraler gelegenen Standorten und Kantonen reicht der Handlungsperimeter der Standortentwicklung über die Grenze eines einzelnen Kantons hinaus. Im vorhergehenden Kapitel konnte für den Ausschnitt der APS-Unternehmen die Tendenz aufgezeigt werden, dass ein Zusammenhang zwischen Standortstrategien von Unternehmen, Pendlerverhalten und der Periurbanisierung der Wohnstandorte besteht. Das ist ein Hinweis für die Raumplanung von der Bundesebene bis zur kommunalen Ebene, ihren Aktionsradius oder zumindest Wahrnehmungsradius auf einen grösseren Handlungsperimeter zu erweitern.

- Die Integration von Raumplanung und Standortentwicklung nimmt die politischen Ebenen beider Ressorts in die Pflicht und spricht die Zielgruppen beider Politikbereiche an, nämlich Planungsverantwortliche und Verantwortliche aus Gebietskörperschaften, Standortförderer, privatwirtschaftliche Investoren und Unternehmen. Denn wie die Beispiele zeigen, setzt sich der Wert und die «Verwertbarkeit» eines Standortes aus den übergreifenden Themen Wohnen, Erreichbarkeit, Umgebungsqualität, Ausgleich zwischen Dichte und Entlastung, Innovation und Forschung zusammen, um die wichtigsten Aspekte zu nennen.
- Die Verbindung mit der Neugestaltung des Finanzausgleichs und der Aufgabenteilung zwischen Bund und Kantonen (NFA) verkoppelt die Raumplanung und Standortentwicklung mit längerfristiger Politik- und Finanzplanung.

Bisher treiben weder der Bund noch die Kantone eine explizite und tief gehende Verschränkung der Politiken für Standortentwicklung und Raumplanung ausreichend voran. Auf Bundesebene ist hier nochmal das Beispiel der NRP zu nennen. Der Einsatz von Mitteln ist einer gesamtterritorialen Politik für die Regionen gemäss den funktionalen Zusammenhängen nicht angepasst. Dies wurde im vorangegangenen Unterkapitel beschrieben. Auf der regionalen und kantonalen Massstabsebene beschränkt sich das Standortmanagement häufig auf ein punktuelles Verständnis von Mikrostandorten sowie ein zu eng abgestecktes Spektrum der Erfolgsfaktoren von Wettbewerbsfähigkeit: zum Beispiel die optimale Erreichbarkeit von Standorten mit Individualverkehr und Parkmöglichkeiten, rasche Baubewilligungsverfahren und eine liberale Baupolitik, Verfügbarkeit von Flächen ohne rechtliche materielle Altlasten wie Steuererleichterungen.

Ein langfristig wirksames Standortmanagement muss sich jedoch der Frage stellen, wie man gemeinsam die nach aussen erfolgreich vermittelten Standortqualitäten in diesem Lebens- und Wirtschaftsraum schaffen kann. Wer trägt welche Qualitäten für den Wertschöpfungsprozess bei? Mittelfristig geht es darum, das Produkt «Standort Schweiz» attraktiv zu erhalten und das Standortmanagement nicht seiner eigenen Grundlage zu berauben.

Gerade an der Schnittstelle zwischen der Ordnungslogik der Raumplanung und der funktionalen Logik der Wertschöpfung liegt die Notwendigkeit, die Zielkonflikte mit Hilfe abgestimmter Politiken im Sinne des «Dreibeins der Raumentwicklungspolitik» anzugehen.

4.4.3 Agglomerations-Modellvorhaben als zaghafter Beginn einer Triage

Die Agglomerations-Modellvorhaben im Rahmen der Agglomerationspolitik des Bundes böten eine Chance sowohl für die Integration von Raumentwicklung und Standortentwicklung als auch die Verflechtung an den Übergängen von städtischen zu ländlichen Räumen. Sie sind Versuchslabore, die sich in der Praxis mit den übergreifenden Problemdimensionen befassen: erstens mit dem Perspektivenwechsel zwischen gross- und kleinräumigen Massstabsebenen, zweitens mit Brüchen zwischen der territorialen Logik der Raumplanung und der funktionalen Logik der Wertschöpfung, drittens mit den Beziehungen zwischen städtischen und ländlichen Räumen.

Die Voraussetzung für die Durchführung eines Modellvorhabens ist die Schaffung einer Projektorganisation und die Beteiligung kantonaler, regionaler und kommunaler Institutionsvertreter. Die thematische Ausrichtung macht es notwendig, den Handlungsperimeter bei Bedarf auch über die bestehenden politisch-administrativen Grenzen hinaus zu schaffen. Sofern das Modellvorhaben breit abgestützt ist und von einer durchsetzungsstarken politischen Persönlichkeit getragen wird, zeichnen sich hier neue Gefässe zur Problemlösung ab. Inhaltlich bewegen sich die Modellvorhaben um ressortübergreifende Themenbereiche wie Optimierung des öffentlichen und privaten Verkehrs, Freizeit- und Erholungsqualität, Positionierung im Standortwettbewerb, Kulturangebot, Bildungseinrichtungen, Abstimmung von Siedlungs-, Freiraum- und Verkehrsentwicklung, Wohnungswesen, Lebensqualität. Die erkannten Zusammenhänge zwischen den Themenfeldern der Agglomerationsentwicklung weisen den Weg in Richtung einer gemeinsamen Standort- und Raumentwicklungspolitik. Als Querschnittsbetrachtung ist es nahe liegend, dass sowohl die planerisch-verkehrlichen als auch die wirtschaftlichen Verwaltungsstellen auf nationaler und kantonaler Ebene Interesse an funktionsfähigen urbanen Räumen besitzen (Thierstein et al. 2004).

Die Städte und ihre Agglomerationen geniessen seit 1999 Verfassungsrang und erhalten politische Unterstützung durch den Bund. Die Kantone selber werden sich zunehmend der treibenden Entwicklungskraft ihrer Verdichtungsräume bewusst. Als Hüter der innerkantonalen räumlichen Kohäsion sind sie einerseits auf Ausgleich und Gleichbehandlung der Teilgebiete des Kantons verpflichtet. Andererseits erkennen sie im Spannungsfeld des interkantonalen Standortwettbewerbes auch die Notwendigkeit, ihre urbanen «Joker» ins Spiel zu bringen (Thierstein et al. 2004). Durch die, wenn auch noch so zurückhaltenden, Ansätze zur Schaffung von neuen Gebietskörperschaften, zum Beispiel durch die Gründung von Agglomerationskonferenzen, taucht daher rasch die Frage nach der Stellung der ausserhalb der Agglomerationen gelegenen Räume auf. Hier zeigt sich die Konsequenz der Verflechtung verschiedener Raumtypen.

Metropolregionen umfassen Kernstädte, Agglomerationen und periurbane Räume, die räumlich und aufgrund ihrer komplementären Funktionen miteinander verflochten sind und deshalb gemeinsame Probleme zu lösen haben. Die Agglomerationspolitik muss sich also zu einer räumlich differenzierten Politik der Agglomerationsstandorte und Metropolregionen weiterentwickeln.

Die Agglomerations-Modellvorhaben sind ein zaghafter Beginn für die Etablierung eines Dreibeins aus Raumplanung, NRP und Standortentwicklungspolitik. Ein ernst gemeinter Effort muss weit über den finanziell und politisch noch schwachen Ansatz der Modellvorhaben hinausgehen. Dabei darf nicht ausser Acht gelassen werden, dass für die Unterstützung der inzwischen 28 Modellvorhaben von Seiten des Bundes finanzielle Ressourcen von lediglich etwa CHF 500 000 jährlich, über einen Zeitraum von voraussichtlich 2002 bis 2007, zur Verfügung stehen (Bundesamt für Raumentwicklung 2002). Ohne zusätzliche Mittel- und Personalausstattung und politische Unterstützung von Bund und Kantonen bleiben die Vorhaben wenig wirksam. Investitionen für gemeinsame institutionen- und ressortübergreifende Projekte, die wiederum den Zusammenhalt und die Wirksamkeit der Projektorganisationen stärken, können nicht getätigt werden. Das Staatsekretariat für Wirtschaft (seco) müsste sich weiterhin in der Agglomerationspolitik engagieren, gleichberechtigt mit dem Bundesamt für Raumentwicklung. Die politische Debatte um die NRP hat jedoch den Rückzug des seco aus der Agglomerationspolitik gezeigt.

Zwar sind die Agglomerations-Modellvorhaben ein Beispiel für einen möglichen Ansatz, aber sie dürfen schon aufgrund ihrer Perimeter auf keinen Fall bereits als Erfolgsmodell gesehen werden. Die Zusammenarbeit spielt sich bisher in Teilregionen oder Agglomerationen ab, in zahlreichen Fällen bilden kantonale Fachämter die Trägerschaft. Die Bandbreite reicht von der Schaffung eines gemeinsamen Gewerbegebietes in Delémont durch drei Gemeinden, über den Zusammenschluss von acht Gemeinden im Zürcher Glattal, bis zu einem kantonsweiten Rahmen für Regionalkonferenzen im Kanton Bern. Ein grösserer Handlungsperimeter, der aus der Kooperation mehrerer Kantone besteht, wurde bisher nicht angepackt.

4.5   Governance-Strukturen für die Metropolregion Nordschweiz

Die zweite Dimension des Governance-Cube stellt die Ebene der Strukturen für die Metropolitan Governance und ihren Optimierungsbedarf zur Diskussion. Die Identifikation der Europäischen Metropolregion Nordschweiz und ihrer wirtschaftlichen Dynamik hat ein bekanntes Phänomen einmal mehr bestätigt: Die funktionalen Beziehungen und Reichweiten der raumrelevanten Probleme gehen weit über die bestehenden politisch-administrativen Grenzen hinaus. Hier reiht sich die Frage nach einer angemessenen institutionellen Struktur und Regelwerken in den seit Jahren geführten Diskurs über die räumliche Organisation des dreistufigen föderalistischen Systems der Schweiz ein. Denn seit geraumer Zeit wird über die Notwendigkeit nachgedacht, die institutionellen Strukturen zu verändern. Gerade im Zusammenhang mit der Stossrichtung der Raumentwicklungspolitik ist der territoriale Bezug besonders augenfällig. Hier dreht sich der Diskurs um Kooperationsstrategien und Gebietsreformen. Im Hintergrund steht allerdings die Diagnose, dass sich der Schweizer Föderalismus in einer Krise befindet, die Debatte um Grossregionen ist dabei nur ein Schauplatz unter anderen (Thierstein et al. 2000).

Der Schwerpunkt dieses Buches liegt auf der «Enthüllung» der funktionalen Zusammenhänge in der Metropolregion Nordschweiz und auf einer strategischen Antwort für eine querschnittsorientierte Raumentwicklungspolitik. Ein darüber hinausreichender, eigenständiger Beitrag zu dem wichtigen Diskurs über die räumliche Organisation des Föderalismus kann in diesem Rahmen nicht geleistet werden. Dennoch erhellen Schlaglichter auf die bestehende Debatte notwendige Elemente und Funktionsweisen einer grossräumigen Organisationsform.

Das folgende Zitat umreisst dabei die Herausforderung und Richtung für zukünftige Lösungsansätze: «Die Übereinstimmung von politischem und funktionalem Raum ist weder möglich noch mit der Idee einer offenen Gesellschaft zu vereinbaren. Entscheidend ist dafür, wie die Politik und die rechtlichen Rahmenbedingungen auf diese Differenz reagieren» (Eisinger 2003: 16).

4.5.1 Der schweizerische Diskurs um die räumlich-institutionelle Organisation

Im Folgenden stecken unterschiedliche Ansätze den Rahmen einer Debatte ab, die sich zwischen der Anpassung der Strukturen an die Funktionen von Wirtschaftsräumen und der Reform bestehender politisch-administrativer Strukturen bewegt.

Die BAK Basel Economics geht auf die historische Entwicklung und die aktuellen Probleme der Kleinräumigkeit des Föderalismus in der Schweiz mit ihren 2760 Gemeinden und 26 Kantonen ein. Im Kern steht die Frage, wie eine Schweiz aussähe, die nach wirtschaftlichen statt administrativen Kriterien eingeteilt würde (Blöchliger 2005). Die Analysen ergeben die Identifikation von sechs Metropolregionen (Abb. 23). Zwar stimmt dieses Resultat nicht mit der Erkenntnis grossräumiger Verflechtungen auf dem Massstab der Europäischen Metropolregion Nordschweiz in dieser Publikation überein, doch die Analysen enthalten über diese räumliche Gliederung hinaus Erkenntnisse über den Ist-Zustand des Landes und über notwendige Veränderungsprozesse. So schlägt der Autor zum einen die Modernisierung der föderalistischen Prinzipien vor, zum anderen fordert er, die Spielregeln moderner Wirtschaftspolitik sowie die wirtschaftliche und räumliche Realität stärker ins Blickfeld zu rücken.

Um die Kleinräumigkeit zu überwinden, sollen starre Grenzen aufgeweicht und neue, zweckmässigere Zusammenarbeitsformen geschaffen werden. Der Schritt sollte in Richtung «selbstverantwortlicher», dezentral organisierter, offener Gebietskörperschaften mit flexiblen Organisationsformen und variabler Grösse gehen. Hier wird auf den Ansatz der verfassten Zweckregionen oder Functional Overlapping Competing Jurisdictions

(FOCJ) zurückgegriffen. Die räumliche Ausdehnung dieser Zweckregionen richtet sich jeweils nach den Erfordernissen ihrer Aufgabe, sie werden nicht von festen politisch-territorialen Grenzen her gedacht. Ihr Einzugsgebiet kann vergrössert werden, wenn Wirtschaftsregionen räumlich wachsen. Als Vorteil wird gesehen, dass das Einzugsgebiet einer Dienstleistung und die Bevölkerung, die für diese Dienstleistung bezahlt, deckungsgleich sind. Durch die Internalisierung von Überschwapp-Effekten können die Kosten gesenkt werden. Einwohner oder Gemeinden können je nach Bedarf mehreren, sich überlagernden Zweckregionen angehören, wobei ein Wettbewerb in der Aufgabenerfüllung besteht (Frey und Eichenberger 1995 in Blöchliger 2005; Frey 1997). In der Realität allerdings bestünden Schwierigkeiten, die Koordination der Aufgaben und die demokratische Legitimation für Entscheidungen innerhalb der unterschiedlichen Zweckregionen transparent umzusetzen. Zudem stellt sich die Frage nach der sozialen Verteilung von Kosten und Abgaben. Insgesamt lässt sich der Ansatz eher als ein Versuch zur Verbesserung der klassischen Zweckverbände und als konkreter Denkanstoss interpretieren denn als ein ganzheitlicher Governance-Ansatz für Metropolregionen mit ihren stark ausgeprägten Ungleichheiten und regionalen Identitäten.

Während BAK Basel Economics die Schweiz nach wirtschaftlichen Kriterien und Funktionen einteilt, gehen andere Autoren von der Reform der politisch-administrativen Strukturen des bestehenden föderalistischen Systems aus. Die Tripartite Agglomerationskonferenz (TAK), als gemeinsame Plattform von Bund, Kantonen und Städten und Gemeinden zur Förderung der vertikalen Zusammenarbeit und zur Entwicklung einer gemeinsamen Agglomerationspolitik, hat einen Vorschlag für ein Strukturmodell vorgelegt (Tripartite Agglomerationskonferenz 2004). Die Autoren halten fest, dass es keine endgültige «richtige» Form der Zusammenarbeit, sondern Intensitätsstufen zwischen Maximallösungen und weniger weit gehenden Ansätzen gibt. Die Bandbreite der horizontalen Zusammenschlüsse reicht von der Fusion zur Grossgemeinde bis zur freiwilligen kommunalen Zusammenarbeit. Die vertikale Organisation reicht von der Bildung einer zusätzlichen staatlichen Ebene bis zur Zusammenarbeit für übergreifende Politikbereiche.

Wesentliches Element des vorgeschlagenen Strukturmodells ist ein Agglomerationsrat, der aus Gemeinde- und Stadtpräsidien zusammengesetzt ist. Dadurch soll der demokratischen Legitimation Genüge getan sein. Als weiteres Element werden in Fachkommissionen einzelne Politikbereiche wie Verkehr, Raumordnung und Kultur geplant und koordiniert. Der Agglomerationsrat besitzt keine Finanzhoheit, stattdessen haben die Entscheide des Agglomerationsrates für die einzelnen Gemeinden gebundene Kosten zur Folge. Damit ist der Agglomerationsrat eine strategische Plattform zur regionalen Steuerung und Koordination, die stark von den beigetretenen Gemeinden getragen wird. Den Kantonen kommen dabei jeweils Aufgaben als «Geburtshelfer» und der politischen Unterstützung zu (Tripartite Agglomerationskonferenz 2004).

Der Vorschlag der TAK, die operativ an die Konferenz der Kantonsregierungen (KdK) angegliedert ist, ist selbstredend nicht geeignet, bestehende Institutionen grundlegend in Frage zu stellen. Die Autoren sind explizit nicht angetreten, einen grossen Wurf zu wagen; sie halten sich stark an die bestehenden Institutionen und Haltungen. Der Wert des Strukturmodells liegt zu grossen Teilen in seiner Herleitung und in den vorangegangenen Untersuchungen, die vielfältiges Erfahrungswissen über die Funktionsweisen der bestehenden Institutionen und die Hürden der horizontalen und vertikalen Zusammenarbeit zur Verfügung stellen.

Eine weitere Erkenntnis vor dem Hintergrund der zunehmenden Metropolisierung und der Auswirkungen auf die Organisation des föderalistischen Systems ist, dass die drei Ebenen Bund, Kantone und Städte/Gemeinden nicht nur eng miteinander verknüpft sind, sondern sie ohne die Existenz der jeweils anderen Ebene nicht existieren können. Die Ebene des Bundes benötigt die Kantone und Städte für die Implementierung ihrer Politik, umgekehrt benötigen die Städte und Kantone die finanziellen und organisatorischen Ressourcen des Bundes. Aus dieser De-facto-Abhängigkeit ist ein neues Ordnungsprinzip entstanden, das mit dem Begriff der Kooperation innerhalb des föderalistischen Systems nicht mehr abgedeckt wird. Vielmehr besteht eine Multilevel-Governance-Situation, in der entsprechend den jeweiligen Territorien und Aufgaben ein institutioneller Rahmen mit leistungsstarker horizontaler und vertikaler Koordination geschaffen werden muss (Kübler et al. 2003, Thierstein et al. 2003).

4.5.2 Form follows Function: Governance-Struktur für die Metropolregion

Die Frage nach dem «richtigen» Perimeter und der angemessenen Struktur für die Metropolregion Nordschweiz wurde bewusst ergebnisoffen gestellt. Um ein geeignetes Gefäss zu entwerfen, steht die Frage nach seinen notwendigen Funktionen im Vordergrund. Nach dem Motto «Form follows Function» ergeben sich erst daraus die notwendigen Strukturen, Ablauforganisationen und rechtlichen Instrumente. Der Einblick in den schweizerischen Diskurs über die räumliche und institutionelle Organisation hat verschiedene Elemente der Governance-Strukturen aufgezeigt. Die Antworten kristallisieren sich um die Anerkennung flexibler Geometrien, das Management der Multilevel-Governance-Situation und einen anreizorientierten finanziellen Ausgleich.

Ein Strukturmodell für die Europäische Metropolregion Nordschweiz muss mit den Kompetenzen, Ressourcen und der Legitimation für eine Politik ausgestattet sein, wie sie in Kapitel 4.4 mit dem «Dreibein der Raumentwicklungspolitik» skizziert wurde. Dort wird eine grossregionale Standortentwicklungs- und Raumentwicklungspolitik vorgeschlagen, die dem Bruch zwischen der territorialen Logik der Raumplanung und der wirtschaftlichen Dynamik als Motor der Siedlungsentwicklung Rechnung trägt. Die Konsequenzen für ein Strukturmodell der Metropolitan Governance werden an einem Beispiel kurz aufgezeigt.

Standortstrategien internationaler und nationaler Unternehmen sind neben anderen öffentlichen und privaten Einrichtungen Treiber der räumlichen Entwicklung. Die Unternehmen sind Magneten für Arbeitsplätze, sie kurbeln weitere Wirtschaftstätigkeit an, generieren Mobilität mit entsprechenden Verkehrsinfrastrukturen und wirken sich auf die Entwicklung von Wohnstandorten aus. Die Dynamik der Siedlungstätigkeit entwickelt sich gerade auf dem Wohnungsmarkt durch die Bodenpreisunterschiede und folgt der Verfügbarkeit bezahlbarer Flächen. Diese Entwicklung kennt keine kantonalen Grenzen, sondern leistet einer Periurbanisierung in Gegenden mit günstigeren Bodenpreisen Vorschub. So ist es ein bekanntes Phänomen, dass die attraktiven, bezahlbaren Wohnlagen für Arbeitnehmer der Kernstadt oder Agglomeration Zürich in den Kantonen Aargau, Schaffhausen oder Thurgau liegen. Eine strukturbezogene Folgerung aus diesem Zusammenhang ist die Verlagerung der Hoheit für die behördenverbindliche räumliche Planung auf einen grossregionalen Perimeter. Diese «Planung» muss Aushandlungsmechanismen kennen und darüber hinaus mit finanziellen Ausgleichs- und Anreizstrukturen zur Lenkung der Bodennutzung gekoppelt sein.

Auch wenn in dieser Publikation als grösster gemeinsamer Nenner unterhalb der nationalen Ebene der Perimeter der Europäischen Metropolregion Nordschweiz identifiziert wird, ist die Gleichzeitigkeit flexibler Geometrien zu berücksichtigen. Denn auch die Bildung von Grossregionen ist für bestimmte Fragestellungen zu kleinräumig gedacht. Märkte für verschiedene Produkte und Dienstleistungen, ebenso wie Politiken des Bundes und der Kantone, besitzen unterschiedliche räumliche Reichweiten. Zum Beispiel umfasst die räumliche Verteilung von Unternehmen aus dem Wirtschaftszweig der Medizinaltechnik Cluster in der gesamten Schweiz (Dümmler 2006). Die Politiken des Bundes und der Kantone für den Bereich der tertiären Bildung wirken sich auf Standortentscheidungen für Hochschulen und Fachhochschulen aus, die für Teilregionen von Bedeutung sind, aber auch den gesamten Standort Schweiz betreffen. Auf der kleinräumigen Ebene wiederum umspannt die Metropolregion Nordschweiz zahlreiche Handlungssphären mit der Ausdehnung von Teilregionen, Gemeinden und Quartieren. Damit ist die Europäische Metropolregion Nordschweiz ein Raum, der mit unterschiedlich weit ausgreifenden, sich überlappenden Handlungsräumen verknüpft ist.

Um die Herausforderung an die Steuerung der «Multilevel-Governance Situation» in urbanen Gebieten auf der Ebene einer Teilregion zu illustrieren, eignet sich ein Blick auf die Zürcher «Glattal-Stadt», die zwischen der Stadt Zürich und dem internationalen Flughafen liegt. Die Betrachtung der institutionellen Rollen zeigt: Urbane Räume beinhalten nicht nur Probleme einer Kernstadt und einer Agglomeration. Die Entwicklung des Flughafens Zürich mit seiner internationalen Drehscheiben-Funktion zeigt, dass die Erfassung der räumlichen Dynamik für eine Teilregion nicht ausreicht. Der Betrieb einer solchen Infrastruktur hat nationale Bedeutung und grossregionale Auswirkungen auf die Zusammenhänge von Lärmbelastung, Lebensqualität und Bodenpreise sowie Wirtschaftsdynamik und Verkehrsinfrastrukturen. Damit betrifft die Entscheidung für den Betrieb eines Flughafens von internationaler Bedeutung einen Handlungsraum, der bestehende Gebietskörperschaften um eine entscheidende räumliche Dimension erweitern muss (Thierstein et al. 2003).

Ansätze und Erfahrungen aus dem In- und Ausland sind vorhanden. Die Schwierigkeit besteht darin, die demokratisch legitimierten, funktionsfähigen Strukturen und Organisationsformen politisch auf den Boden zu bringen, zu erproben und kontinuierlich anzupassen. Die Dimension der «Strukturen» des Handlungsmodells, die sich gemessen am Handlungsbedarf im Modus der Optimierung befindet, ist daher eingebettet in die Dimensionen «Strategien» und «Kultur».

4.6 Eine Kultur für die Anerkennung grossregionaler Zusammenhänge schaffen

In der Realität ist der Weg zur Schaffung von massstabsgerechten, grossräumigen Gefässen zur Problemlösung ebenso voller Hürden wie der zu einer sektorübergreifenden Zusammenarbeit. Angesichts der bekannten Debatten und Reformvorschläge scheitern Ansätze für die Umsetzung nicht in erster Linie an mangelndem juristischen Know-how über institutionelle Fragen.

Um die Metropolitan Governance für die Europäische Metropolregion Nordschweiz vor dem Hintergrund des Governance Cube zu vervollständigen, muss den vorgeschlagenen Strategien und der Debatte um die Strukturen die Ebene der Governance-Kultur hinzugefügt werden.

4.6.1 Die wachsende Anerkennung der städtischen Realität der Schweiz

In den vorangegangenen Abschnitten wurde deutlich, dass die Anerkennung der Bedeutung von Städten und Agglomerationen auf Bundesebene erst seit knapp zehn Jahren politikrelevant ist. Seit den Grundzügen der Raumordnung Schweiz von 1996 nimmt die Diskussion Gestalt an, die Aufnahme des Städteartikels in die Bundesverfassung (siehe Kapitel 4.2) war ein wichtiger Meilenstein. Doch die Anerkennung der grossräumigen funktionalen und wirtschaftlichen Zusammenhänge liegt noch weit hinter den Anforderungen zurück, Strategien, Instrumente und institutionelle Gefässe für eine langfristig tragfähige Raumentwicklung zu schaffen. Noch immer halten zu viele Politiker und Akteure an der Vorstellung einer ländlichen Schweiz und einer zu kleinräumigen Erkenntnis über die Reichweite der Probleme fest.

Dies ist der Fall, obschon es zumindest in Fachkreisen, in Hochschulen und Think Tanks zum «common sense» geworden ist, nicht nur die Bedeutung der Städte und Agglomerationen anzuerkennen, sondern die gesamte Schweiz als verstädterten Raum anzusehen. Das Magazin «Hochparterre» fasst in einer Titelgeschichte zum Thema «Das Hüsli. Der Untergang des Landes» die inzwischen vielfältigen Ideen, Visionen, Studien und Ansätze zur Bewusstseinsbildung zusammen: «Die Wirklichkeit gibt es, man muss sie nur sehen wollen. Stadt ist überall, sie hat alles Land in Stadt verwandelt. Der Gegensatz Stadt-Land ist nur noch ein Rest der Verbauerung des Bewusstseins» (Loderer 2003: 16).

Die zunehmend städtischen Lebensweisen im gesamten Land hat der wirtschaftsnahe Think Tank Avenir Suisse mit Hilfe der Perspektiven verschiedener Autoren unter dem Titel «Stadtland Schweiz» beleuchtet (Eisinger und Schneider 2003). Der Verein Metropole Schweiz veröffentlichte im gleichen Jahr eine Broschüre mit dem Titel «Die Schweiz muss neu eingeteilt werden» und fordert darin bewegliche und neue Grenzen (Rellstab 2004). Ebenfalls 2003 publizierten Franz Oswald und Peter Baccini ihre Ideen zur «Netzstadt» als Methode für das grossräumig gedachte Stadtentwerfen am Beispiel des Espace Mittelland (Baccini und Oswald 2003). Aktuell legten vier Architekten und ein Geograf um das ETH-Studio Basel Ende 2005 das oben (Kapitel 3.4) erwähnte dreibändige Buch «Die Schweiz. Ein städtebauliches Porträt» vor (Diener et al. 2005). Sie sind mit dem Ziel angetreten, «die Karte im Kopf der Schweizer zu verändern» (Tages-Anzeiger 27.2.2003) und das traditionelle Bild der Schweiz zu korrigieren. Damit geben sie einen wichtigen Denkanstoss, auch wenn sie diese nicht in Schlussfolgerungen zu politischen und administrativen Veränderungsprozessen einmünden lassen.

Experten Workshop zur Wahrnehmung der Metropolregion Nordschweiz

Während der zweieinhalbjährigen Laufzeit des INTERREG-III-B-Projektes Polynet hat das ETH-Team regelmässig Experten-Workshops durchgeführt. Sie dienten dazu, die Forschungsergebnisse rückzukoppeln und den Input in politische Antworten für die Metropolregion umzumünzen.

Das Ziel des Schluss-Workshops vom Juni 2005 war es, die Wahrnehmung räumlicher Zusammenhänge auf der Ebene einer Europäischen Metropolregion Nordschweiz einzuschätzen und zu stärken. Damit diese abstrakte Ebene Gestalt annimmt, hat das ETH-Team die räumliche Dynamik von sechs Themenbereichen aus dem Erfahrungshintergrund der Teilnehmenden zur Diskussion gestellt.

Als Ausgangspunkt der Diskussion schätzten die Teilnehmenden im Sinne eines «educated guess» spontan die Auswirkung sechs beispielhafter Handlungsfelder auf die heutige Raumstruktur ein und bewerteten die aktuelle Politikdynamik. Die *Abbildung 26* zeigt die grafische Übertragung der Punkte, die von den Teilnehmenden auf einer Matrix placiert wurde. Lesebeispiel: Die Punktwolke für tertiäre Bildungspolitik verteilt sich in der oberen Hälfte der Matrix, das bedeutet, diesem Bereich wird eine hohe Politikdynamik zugeschrieben. Für die Auswirkungen auf die Raumstruktur verteilt sich die Punktwolke breit von der linken bis zur rechten Hälfte, die Einschätzung reicht hier von geringer bis zu starker Auswirkung.

Einige grobe Erkenntnisse konnten, bei aller Vorsicht in Bezug auf die spontane Stegreif-Einschätzung, abgelesen werden: Die Einschätzungen über Raumrelevanz und Politikdynamik waren keineswegs auf einen Punkt

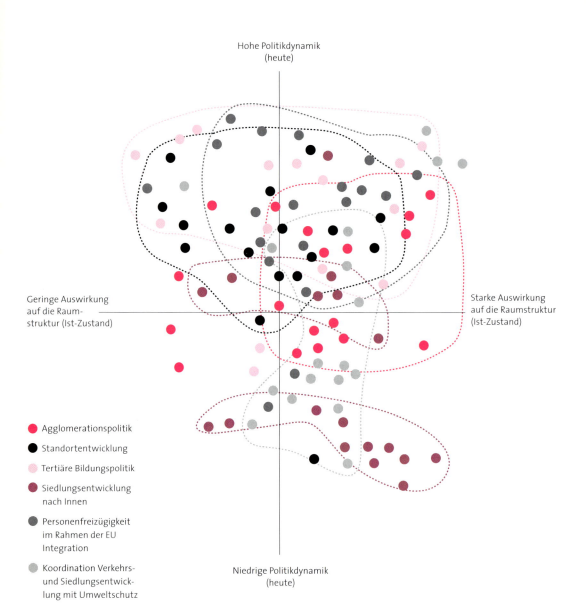

Hohe Politikdynamik
(heute)

Geringe Auswirkung
auf die Raum-
struktur (Ist-Zustand)

Starke Auswirkung
auf die Raumstruktur
(Ist-Zustand)

Niedrige Politikdynamik
(heute)

- ● Agglomerationspolitik
- ● Standortentwicklung
- ● Tertiäre Bildungspolitik
- ● Siedlungsentwicklung
  nach Innen
- ● Personenfreizügigkeit
  im Rahmen der EU
  Integration
- ● Koordination Verkehrs-
  und Siedlungsentwick-
  lung mit Umweltschutz

Abb. 26: Bewertung von
Politikdynamik und
Raumstruktur.
Die Matrix zeigt die
Einschätzung zu
Politikdynamik (heute)
und Auswirkungen auf die
Raumstruktur
(Ist-Zustand) für sechs
Themenbereiche.
Quelle: Eigene Darstellung

konzentriert. Die Antworten waren relativ weit gestreut, das heisst, die Wahrnehmung ging je nach Erfahrungshintergrund der Teilnehmenden auseinander. Tendenziell wurde allen Themenbereichen von einer Vielzahl der Experten eine recht starke Auswirkung auf die Raumstruktur zugeschrieben. Dies war der Fall sowohl für die «klassischen» Bereiche der Raumentwicklung als auch die weiteren Themen.

Die Ergebnisse dienten jedoch nicht einer genauen Analyse. Vielmehr haben die Teilnehmenden ihre Wahrnehmung über die räumlichen Reichweiten der Probleme wiedergegeben. Damit war eine Diskussion über angepasste Handlungsräume entfacht. Da die empirischen Untersuchungen im Rahmen des Polynet-Projektes sich mit Standortstrategien wissensintensiver Dienstleistungsunternehmen befassen, drehte sich die Diskussion um das Feld der Bildungspolitik im Bereich der Hochschulen und Fachhochschulen.

Die Experten diskutierten, dass die institutionellen Handlungsebenen und räumlichen Reichweiten für Hochschulen auf mehreren Massstabsebenen liegen. Auf Stadtteilebene sind die Funktionen innerhalb eines Quartiers und die städtebauliche Qualität relevant. Doch das wird nicht als hauptsächliche Ausstrahlung der Hochschulstandorte gesehen, da Mikrostandortentscheidungen nicht allzu relevant für einen Forschungsstandort auf regionaler Ebene seien. Es wurde von einigen Teilnehmenden hervorgehoben, dass Hochschulen einen grossen Einflussbereich haben und deshalb das Management der Bildungseinrichtungen auf nationalem oder mindestens grossregionalem Perimeter anzugehen ist.

Andere wiesen darauf hin, die Ausstrahlung von Bildungseinrichtungen als Wirtschaftsfaktor nicht zu überschätzen, denn die Auswirkungen eines Standorts auf die wirtschaftliche Entwicklung verteile sich innerhalb eines grossräumigen Perimeters. Hervorgehoben wurde, dass die Präsenz der Hochschulen eine Auswirkung auf die Metropole Zürich als Wirtschaftsstandort hat.

Damit war auch das Themenfeld der Konkurrenz zwischen Hochschulstandorten angesprochen. Ein Teilnehmer äusserte in diesem Zusammenhang, dass es von wirtschaftlicher Bedeutung sei, auch Regionen wie die Ostschweiz ausserhalb der Reichweite der grossen Städte Basel und Zürich als wichtige Standorte für Bildungseinrichtungen aller Niveaustufen anzuerkennen. In peripheren Gebieten sei das seit langem bekannte Problem des Brain Drain bedeutsam für die strukturelle Entwicklung. Ein Grund und gleichzeitig Folge ist, dass keine Arbeitsplätze als Kristallisationspunkte existieren. Allerdings zeichne sich eine Tendenz zur Rückkehr ab.

Bezüglich grossräumiger Vernetzung wurde wahrgenommen, dass zum Beispiel die ETH Zürich mit Projekten wie ETH World virtuelle Netze aufweist, im Gegensatz zu einer direkten räumlichen Auswirkung. Am Beispiel von Fachhochschulen wurde eine Hierarchie von regionaler und internationaler Vernetzung festgestellt. Während Fachhochschulen alleine eine regionale Verflechtung aufweisen, ergeben sich über die Verknüpfung mit Wirtschaftsunternehmen internationale Beziehungen.

Zuletzt wurde am Beispiel Basel hervorgehoben, dass der Vorteil von «Städtenetzen» im Bereich der Vernetzung von Hochschulen zunehmend als Vorteil für den Forschungsplatz wahrgenommen wird. Auch wenn die Landesgrenzen nach wie vor Barrieren darstellen, existieren Projekte der internationalen Zusammenarbeit, zum Beispiel zwischen den Universitäten Basel, Strassburg und Freiburg i. Br.

4.6.2 Gemeinsames Handeln für ein gemeinsames Problembewusstsein

Was als fehlende Bewusstseinsbildung oder Wahrnehmung daherkommt, besteht bei näherer Betrachtung aus zweierlei Widerständen gegen Veränderungsprozesse, die eng miteinander verflochten sind. Zum einen erlaubt das Festhalten an den vertrauten Mythen und der Dichotomie zwischen städtischer und ländlicher Schweiz den politischen Vertretern und Interessengruppen, bisherige Vorteilsnehmer in ihren Ansprüchen zu belassen und unpopuläre Veränderungen und Umverteilungen zu vermeiden. Am Beispiel der Debatte um die NRP wurde deutlich, dass der Anerkennung der Zusammenhänge zwischen Agglomerationen und ländlichen Räumen gegenläufige Anreizstrukturen entgegenstehen. Die Standortförderung erfolgt häufig punktuell und nicht immer dort, wo sie der gesamten Volkswirtschaft der Schweiz dienlich ist.

In der schweizerischen Raumentwicklungspolitik bemüht man sich um eine Typologisierung der ländlichen Räume, zum Beispiel mit Hilfe von Einwohnerzahlen oder der Anzahl der Hotel-Logiernächte pro Jahr in alpinen Tourismuszentren. Eine weitere statistische Aufdröselung der ländlichen Raumtypen reicht jedoch nicht aus, die Auflösung traditioneller Empfängerkreise aufzuhalten. Sie ersetzt nicht den offenen Aushandlungsprozess um die zukünftige Verteilung der knappen Mittel.

Der zweite Aspekt des Widerstands gegenüber der Anerkennung problembezogener Handlungsperimeter liegt in der Schwierigkeit, grossräumige Zusammenhänge zu begreifen, darzustellen und in konkrete Handlungen einfliessen zu lassen. Der Umgang mit der Komplexität, Überlagerung und Gleichzeitigkeit raumrelevanter Fragestellungen stösst in der Tat an die Grenzen der Wahrnehmung und Darstellbarkeit. Trotz der in den letzten Jahren zunehmend verbesserten EDV-gestützten Möglichkeiten zur Visualisierung und Simulation mit virtuellen Bildern arbeitet die Planung von der Quartiersebene bis zum kantonalen Richtplan nach wie vor hauptsächlich mit zweidimensionalen Plänen, Karten und Texten. Die Schwierigkeit liegt hier in der überlagernden Darstellung verschiedener Massstabsebenen und in der Visualisierung auf regionalem und metropolitanem Massstab. Denn, wie oben ausgeführt wurde, gilt es gleichzeitig sowohl den Perspektivenwechsel zwischen gross- und kleinräumigen Massstabsebenen im Auge zu behalten als auch sich überlagernde Prozesse darzustellen.

Ein stärkerer und komplexerer Einsatz von Visualisierungsmöglichkeiten darf trotz seiner Bedeutung nicht Gefahr laufen, die fehlende Bewusstseinsbildung auf einen technischen Aspekt zu reduzieren. Es gleicht der Frage nach dem Huhn oder dem Ei, ob die unzureichende Visualisierung die mangelnde Problemwahrnehmung spiegelt oder fehlende Visualisierungen eine verbesserte Wahrnehmung blockieren. Offensichtlich ist, dass die Visualisierung den Wahrnehmungsprozess begleiten sollte.

Die allmähliche Herausbildung eines gemeinsamen Problembewusstseins, das Eingang in die politischen Kreise und Fachgremien findet, bedeutet einen intensiven gemeinsamen Arbeits- und Kommunikationsprozess. Bestehende Institutionen, Abläufe und Haltungen können am wirkungsvollsten durch Problemdruck und gemeinsam durchlebte Veränderungsprozesse anhand konkret formulierter Themen umgeformt werden. Der Perimeter der Europäischen Metropolregion ist geeignet, um beispielsweise eine gemeinsame Standortstrategie für die Ansiedlung wissensintensiver Unternehmen zu entwickeln, die zunehmend in eine umfassende Standortentwicklungspolitik eingebettet werden muss. Ein weiteres mögliches Thema ist die oben aufgezeigte Notwendigkeit für eine grossräumige Form der Zusammenarbeit, die sich mit dem internationalen Flugverkehr und seinen Konsequenzen und der Bedeutung für die gesamte Schweiz befasst.

Gemeinsam tätiges Handeln entwickelt Routinen, gemeinsame Wahrnehmungen, erzeugt Vertrauen und weckt schliesslich Interesse, auch wenn der begonnene Weg der Zusammenarbeit nur sehr langsam gegangen wird und manches Mal auch im ersten Anlauf misslingen darf (Thierstein et al. 2004). In anderen Worten ist die Kultur des gemeinsamen Verstehens übergeordneter Zusammenhänge entscheidend für einen Veränderungsprozess. Sie ergänzt das Handlungsmodell von «Strategien» und «Strukturen» und bildet die Grundlage, um die nötige politische Dynamik für das Dreibein aus Raumplanung, internationaler Standortentwicklungspolitik und neuer Regionalpolitik aufzubringen.

5
Die «Raumentwick-lung im Verborgenen» kommt ans Licht

Die Raumstruktur in der Schweiz verändert sich «im Verborgenen». Mit dieser Metapher kommt zum Ausdruck, dass parallel zu den sichtbaren Prozessen der Raumentwicklung raumrelevante wirtschaftliche Aktivitäten stattfinden. Häufig nehmen diese in weit grösserem Rahmen auf die räumliche Entwicklung Einfluss als die normativen Ziele der Raumordnung.

Ein Schwerpunkt des Buches befasst sich in Kapitel 3 denn auch mit den räumlichen Mustern, die durch die Wertschöpfungssysteme wissensintensiver Dienstleistungsunternehmen entstehen. Es ist die Vielzahl von Unternehmen und deren Strategien und Standortentscheidungen, die in zunehmendem Masse die wirtschaftlichen Aktivitäten beeinflussen und in ihrer Summe zu den Treibern der räumlichen Dynamik werden. Sie vernetzen Standorte und ordnen diesen funktionale, hierarchisch gegliederte Rollen im gesamten metropolitanen Wertschöpfungssystem zu.

Mit den vorliegenden Untersuchungen wird die Wahrnehmung der Massstabsebene einer Europäischen Metropolregion Nordschweiz geschärft. Metropolregionen erhalten eine immer stärkere Bedeutung als nationale Motoren, sie sind die Schwerpunkte internationaler Vernetzung durch wirtschaftliche Kooperation und physische Infrastrukturen. Folgerichtig werden Fragen über die Konsequenzen zur Steuerung der räumlichen Dynamik und für sinnvolle Handlungsräume aufgeworfen. So dreht sich der zweite Schwerpunkt des Buches in Kapitel 4 darum, die bestehende Raumentwicklungspolitik kritisch zu beleuchten, sowie Ansätze und Perspektiven einer Metropolitan Governance aufzuzeigen.

5.1 Konzentration der Wertschöpfung in zwei schweizerischen Metropolregionen

In der Schweiz besteht die grossräumige Tendenz einer Rekonzentration der Wertschöpfung in den zwei Metropolregionen Nordschweiz und Arc Lémanique. Für die Gruppierung zu zwei Metropolregionen spricht vor allem die Tatsache, dass die wirtschaftlichen Verflechtungen zwischen Zürich, Basel und Zug und zwischen Lausanne und Genf jeweils enger sind als beispielsweise zwischen Genf und Zürich. Diese Metropolregionen generieren die wirtschaftlichen Initiativen, die letztlich den nötigen Wirkungsgrad für die nationale Wertschöpfung erzielen. Innerhalb der beiden Metropolregionen wiederum sind es einige Drehscheiben-Agglomerationen – Zürich, Basel, Zug, Genf, Lausanne sowie mit grossen Abständen eine kleine Zahl weiterer Agglomerationen –, die Standorte für führende Unternehmen sind. Hier werden Entscheidungen über Investitionen getroffen, Innovationen vorangetrieben und Humankapital konzentriert.

Den Kern der Metropolregion Nordschweiz bilden Zürich und Basel, die durch die Strukturen der wissensintensiven Wirtschaft eng miteinander verflochten sind und das eigentliche Rückgrat der Metropolregion bilden. Die Antreiber der Wertschöpfung wissensintensiver Dienstleistungen konzentrieren sich zwar vermehrt in den Kernen der Metropolregionen. Doch die unternehmerischen Wertschöpfungsketten erstrecken sich gleichzeitig über das Territorium der ganzen Schweiz und verknüpfen sich zu Wertschöpfungssystemen. Die Medizinaltechnik gar kennt nur einen einzigen Cluster: die ganze Schweiz mit dem grenznahen Ausland (Dümmler 2006). Die einzelnen Teile der Wertschöpfungsketten lassen sich dabei räumlich zuordnen. Es besteht somit eine hierarchisch abgestufte Zuteilung von wirtschaftlichen Funktionen an die verschiedenen Agglomerationen und Teilregionen der Metropolregion. Diese sind dadurch wirtschaftlich eng miteinander verknüpft. Die Metropolregion Nordschweiz beinhaltet also auch weitere, kleinere Agglomerationen, die zum Beispiel durch deren zuliefernde Unternehmen in die metropolitanen Wertschöpfungsketten eingebunden sind. Sie gruppieren sich entlang von Verkehrshauptachsen, die auf Zürich oder Basel hin ausgerichtet sind. Eine Hauptachse verbindet zwischen Ost und West St. Gallen, Winterthur, Baden-Brugg und Aarau mit Zürich und Basel. Eine andere verbindet zwischen Norden und Süden Luzern und Zug mit Zürich.

Nach aussen bilden Zürich und Basel Tore, die nicht nur durch ihre hochrangige physische Infrastruktur die Verbindung zu internationalen Märkten und Wirtschaftszentren herstellen. Durch diese Tore werden auch wirtschaftliche Innovationen und das dafür relevante Wissen in die Metropolregion und von da weiter in die ganze Schweiz gebracht. Die kleineren Agglomerationen benötigen somit eine enge Anbindung an Zürich und Basel, da ihre Unternehmen auf den funktionierenden Austausch dieses Wissens angewiesen sind, wollen sie mittels Innovation im globalen Wettbewerb mitbieten.

5.2 Die Wahrnehmung der räumlichen Realität der Metropolregionen

Es ist ein Charakteristikum der Schweiz, dass die treibende Dynamik der städtischen Räume und Metropolregionen nur zurückhaltend anerkannt wird. Noch immer hält ein Grossteil der Politiker, Interessensvertreter und der Bevölkerung an der Vorstellung einer ländlichen Schweiz und an kleinräumigen Handlungsperimetern fest.

Eine Tour d'Horizon durch die Meilensteine der Raumentwicklungspolitik des Bundes belegt, dass die Schweiz erst auf eine kurze Geschichte ihrer städtisch orientierten Politik zurückblicken kann. So harrt aktuell die rechtliche Verankerung der nationalen Agglomerationspolitik ihrer politischen Durchsetzbarkeit, während die NRP wie bisher auf die Unterstützung der ländlichen Räume zugeschnitten bleibt. Während sich die politische Debatte schwerfällig entwickelt, haben die vorliegenden Untersuchungen mit der Europäischen Metropolregion Nordschweiz einen kraftvollen Raummassstab identifiziert. Der funktionale Verflechtungsraum Nordschweiz ruft nach grossräumiger, häufig grenzüberschreitender Zusammenarbeit.

Zur Vervollständigung des Bildes über das schweizerische Bewusstsein gehört es aber auch, die Ansätze zum räumlichen Zustand der Schweiz der letzten Jahre zu betrachten. Ende 2005 haben die vier Architekten des ETH-Studio Basel und ein Geograf das Buch «Die Schweiz. Ein städtebauliches Porträt» vorgelegt (Diener et al. 2005). Die Autoren sind mit dem Ziel angetreten, die Schweiz in den Köpfen der Bevölkerung zu verändern. Das Verdienst ihrer morphologischen Betrachtung der Raumtypen in der Schweiz liegt tatsächlich darin, einen anschaulichen Diskussionsbeitrag auf der Wahrnehmungsebene zu leisten. Allerdings haben sie die Handlungsebene und die Auswertung politischer Steuerungsansätze weitgehend ausgeklammert. Zuvor hat im Jahr 2003 der Think Tank Avenir Suisse mit der Veröffentlichung «Stadtland Schweiz» konstatiert, dass dem Denken und Handeln der Bevölkerung und Politiker in der Schweiz zu lange das Bewusstsein zugrunde lag, in den Bergen und im ländlichen Raum zu leben. Diese rückwärtsgewandte Haltung, so eine der Kernaussagen, hat einen dringenden Reformbedarf um die räumliche Struktur des schweizerischen Föderalismus hervorgebracht (Eisinger und Schneider 2003).

Vor dem Hintergrund der bestehenden Wahrnehmung in Politik und Wissenschaft kristallieren sich zweierlei Widerstände gegen Veränderungsprozesse heraus. Zum einen erlaubt das Festhalten an den vertrauten Mythen und an der Dichotomie zwischen städtischer und ländlicher Schweiz politischen Vertretern und Interessengruppen, bisherige Vorteilsnehmer in ihren Ansprüchen zu belassen und unpopuläre Veränderungen und Umverteilungen zu vermeiden. Der zweite Aspekt des Widerstands gegenüber der Anerkennung problembezogener Handlungsperimeter liegt in der Schwierigkeit, grossräumige Zusammenhänge zu begreifen, darzustellen und in konkrete Handlungen einfliessen zu lassen. Der Umgang mit der Komplexität, und Überlagerung raumrelevanter Fragestellungen stösst in der Tat an die Grenzen der Darstellbarkeit und Handlungsbefähigung. Es ist unabdingbar geworden, dass Handlungsträger die Auswirkungen ihres Tuns gleichzeitig im kommunalen, regionalen und kantonalen, nationalen und europaweiten Kontext sehen. Dies betrifft vielfältige Themen, die von Verkehrsfragen bis zur Bildungspolitik reichen. Um die notwendigen Lernprozesse zu erleichtern geht es darum, Analyse, Visualisierung und die Kommunikation der gewählten Lösungswege als einen zusammengehörenden Prozess zu verstehen.

5.3 Die Konsequenzen aus der Herausbildung von Metropolregionen

Die Ansätze für die Raumentwicklungspolitik bleiben nicht bei der Analyse funktionaler Zusammenhänge und ihrer Wahrnehmung stehen. Die Herausbildung von Metropolregionen europäischer Grössenordnung in der Schweiz ist kein abstraktes Phänomen, das ohne praktische Folgen bleibt. Wenn die Realität der Leistungen und Belastungen in den Städten und Agglomerationen in Frage gestellt wird, hat dies ganz konkrete Folgen für die räumliche, wirtschaftliche und soziale Entwicklung des gesamten Landes.

Der Grossteil der ländlichen Räume der Schweiz ist funktional und finanziell eng mit den Wirtschaftsmotoren der Metropolregionen verknüpft. Zum Nutzen der Leistungsfähigkeit des gesamten Territoriums Schweiz muss den potenziell starken räumlichen Wertschöpfungssystemen mehr Entfaltungsspielraum geboten werden. Die derzeitige Raumentwicklungspolitik weist noch nicht in diese Richtung. Konkret lässt sich diese Kritik an Aussagen im Raumkonzept des Bundesamtes für Raumentwicklung festmachen, das ausdrücklich darauf ausgerichtet ist, ein Szenario einer «Schweiz der Metropolen» abzuwenden. Denn diese, so das Bundesamt für Raumentwicklung, würden die gesamte Vitalität des Landes an sich reissen (Bundesamt für Raumentwicklung 2005).

Die Herausbildung einer Hierarchie der Bedeutung von Städten und Regionen anzuerkennen bedeutet nicht, eine «Winner Takes It All»-Situation zu akzeptieren. Entscheidend ist es für die Akteure, einzuordnen, in welcher «Liga» eine Region im Sinne ihrer Funktionen und Möglichkeiten spielt. Denn obwohl der grob umrissene Trend in die Richtung der Metropolregionen weist, finden die wirtschaftlichen Aktivitäten der Schweiz nicht nur in den grössten Zentren und nicht ausschliesslich in den Metropolregionen statt. Ausserhalb der grösseren Schweizer Städte sind punktuell wichtige Wirtschaftskompetenzen konzentriert, etwa im Jurabogen, wo mikrotechnikorientierte High-Tech-Industrie die hochwertige Uhrenindustrie kraftvoll diversifiziert (Dümmler 2006). In den alpinen Zentren wie Zermatt, Davos und St. Moritz ist ein grosser Teil der Wertschöpfung aus der Tourismusbranche konzentriert. Die Nähe der Metropolregionen zu Naherholungs- und Feriengebieten ist von unschätzbarem Wert und verleiht der gesamten Schweiz einen herausragenden Qualitätsstatus. Einige Standorte werden sich dank ihres Natur- und Kulturangebotes als Entlastungsdestinationen im Umfeld grösserer Tourismuszentren behaupten. Das Projekt des Park Ela in Graubünden reiht sich in die Vorzeigeprojekte ein. Andere werden ihre Nischenprodukte für die regionale Wirtschaft entwickeln. Es gibt aber auch alpine Talschaften wie das Calanca- oder das Safiental, die angesichts der Wirtschaftsbedingungen seit Jahrzehnten Arbeitsplätze und Bevölkerung verlieren. Angesichts der Kosten für die Erschliessung und des Auskommens der Bevölkerung muss hier offen über Schrumpfungsprozesse nachgedacht werden. Der Bundesrat verweist auf die wichtige Verantwortung der Kantone, Strategien für ihre potenzialschwachen und peripheren Talschaften zu entwickeln.

Die Voraussetzung für die Benennung von Räumen unterschiedlicher «Liga-zugehörigkeit» bezüglich Funktionen und Wirtschaftskraft ist, dass sie von allen Anspruchsgruppen anerkannt und ausgehandelt werden. Wirkungs-orientiertes Handeln in der Raumentwicklungspolitik stellt damit vor die Frage nach Mitteln und Zwecken stets die Strategiediskussion darüber, was Daseinsvorsorge vor dem Hintergrund der Rekonzentration von Wertschöp-fung und knappen öffentlichen Mitteln heissen soll. Im Gegenzug zur Aner-kennung der Metropolregionen werden sekundäre Zentren und periphere Räume in ihren Strategien über eine Modifikation der neuen Aufgabentei-lung Bund-Kantone und des Finanzausgleichs unterstützt.

5.4 Brüche zwischen funktionaler und territorialer Logik als Aushandlungsprozess

Angesichts der räumlichen Dynamik in der Schweiz ist es dringend notwen-dig, diejenigen Handlungskapazitäten zu verbessern, die über bestehende Planungsinstrumente und Planungsebenen hinausgehen. Die Steuerung der räumlichen Entwicklung bedeutet die querschnittsorientierte Bünde-lung von Raumplanung, Regionalpolitik und Standortentwicklung. Als direkt raumrelevante Politiken sind sie die primären Zugangsstore zu einer umfas-senden Raumentwicklungspolitik. In einer schematischen Darstellung sind die drei Politikressorts als «Dreibein der Raumentwicklungspolitik» vorstell-bar, die inhaltlich und in Bezug auf ihre räumlichen Wirkungsbereiche auf-einander abgestimmt sind.

Das muss konkret bedeuten, dass zusätzlich zur NRP eine rechtli-che Grundlage für eine Politik der Agglomerationen und Metropolregionen geschaffen wird. Damit wäre, neben der Förderung von wertschöpfungs-schwächeren Gebieten und Grenzregionen, eine Grundlage für die priori-täre Unterstützung derjenigen Gebiete vorhanden, die aufgrund der Kon-zentration der Wertschöpfung die Motoren der gesamten nationalen Ent-wicklung sind.

Die vorliegende Arbeit kommt zur Erkenntnis, dass nur problemori-entierte, sektorübergreifende Perspektiven die neue komplexe Realität der Raumentwicklung zu erfassen vermögen. Die Handlungsfelder für raumre-levante Politiken mit unterschiedlichen räumlichen Reichweiten sind weit gefächert. Sie umfassen zum Beispiel die Agglomerationspolitik, das Stand-ortmanagement, die Politik des tertiären Bildungssektors oder auch Strate-gien zur Siedlungsentwicklung nach innen.

Greift man das Thema Standortmanagement heraus, so beschränkt es sich bisher auf regionaler und kantonaler Massstabsebene häufig auf ein punktuelles Verständnis von Mikrostandorten sowie auf ein zu eng abge-stecktes Spektrum von Wettbewerbsfaktoren. Der Wert und die «Verwert-barkeit» eines Standortes ergibt sich jedoch aus den übergreifenden Themen Wohnen, Erreichbarkeit, städtebauliche und Umgebungsqualität, Ausgleich zwischen Dichte und Entlastung, Innovation und Forschung zusammen, um die wichtigsten Aspekte zu nennen. Standortmanagement zielt auf die Erhaltung und Aufwertung eines attraktiven Landschaftsraumes ab und geht weit über reine Marketingmassnahmen hinaus. Entsprechend zielt der Kompromissvorschlag der Konferenz der Kantonalen Volkswirtschaftsdirektoren (Konferenz Kantonaler Volkswirtschaftsdirektoren 2005) auf die Notwendigkeit einer Schweizer Standortentwicklungspolitik, die eine Antwort darauf formulieren sollte, wie die steuerlich begünstigte Ansiedlung spezifisch erwünschter internationaler Unternehmensfunktionen unterstützt werden kann. Steuererleichterungen und andere sektorale Anreize sollten für die zentralen Standorte – Metropolregionen mit Kompetenzzentren – konzipiert und eingesetzt werden.

Die Verwerfungen zwischen den normativen Vorstellungen der Raumplanung einerseits und der funktionalen Logik der raumstrukturierenden Handlungen von wirtschaftlichen Akteuren müssen zum Gegenstand von Aushandlungsprozessen werden, die in einer gemeinsamen Strategie münden. Denn auch in der Zukunft wird sich die räumliche Entwicklung nicht nach der territorialen Ordnung der Grundzüge der Raumordnung Schweiz von 1996 richten. Genauso wenig kann die Gestaltung und Entwicklung des Lebensraumes alleine den funktionalen Entwicklungskräften der räumlichen Ökonomie überlassen werden. Damit aus einer sektorübergreifenden Sichtweise letztlich innovatives politisches Handeln erwächst, werden in einer zukünftigen Raumentwicklungspolitik die Zielkonflikte an der Schnittstelle zwischen der Ordnungslogik der Raumplanung und der funktionalen Logik des Wettbewerbs weit stärker aus einer nationalen Perspektive der Standortentwicklung ausgehandelt werden.

5.5 Ausblick: Raumentwicklung in der Politikarena

Die Schweiz ist keine Insel, sondern aufs engste mit den Entwicklungen Europas und dem Rest der Welt verflochten. Der seit 1993 eingeschlagene bilaterale Weg mit der EU hat zu wegweisenden Entscheidungen über die Personenfreizügigkeit geführt. Sie sind Grundvoraussetzungen, damit die Wissensökonomie der Schweiz sich weiterentwickeln kann. Damit einher geht eine räumliche Umgestaltung, die anfänglich noch weit gehend unbemerkt erfolgt.

Die Metropolregion Nordschweiz ist ein funktionaler Verflechtungsraum, in dem die Schweizer Volkswirtschaft den wesentlichen Teil ihrer Wertschöpfung erarbeitet. Innovationskraft ist überwiegend in der Nordschweiz konzentriert, die durch das Rückgrat von Zürich und Basel aufgespannt wird. Auch wenn diese beiden Gravitationsräume immer noch als zwei getrennte Identitäten und Wirtschaftsstandorte wahrgenommen werden, haben sie die funktionalen Vernetzungen der Wissensökonomie längst zu einem gemeinsamen Metropolraum zusammengeschweisst. Die Siedlungsräume zwischen Zürich und Basel werden sich auch unbedingt verschmelzen müssen. Die intensiven Bande der wissensintensiven Dienstleistungsunternehmen haben das bereits erreicht: wieso denn in Zukunft nicht einfach «Metropolregion Zürich-Basel»?

Längst ist die schweizerische Wirtschaft und die Bevölkerung buchstäblich von den Bergen heruntergestiegen und hat die urbanisierten Kulturlandschaften bevölkert. Der letzte Schritt zur grossräumigen Betrachtung und Gestaltung einer dichten Stadtlandschaft steht jedoch noch bevor. Die Schweiz scheint heute geprägt vom alltäglichen urbanen Verhalten, jedoch tut sich die Kluft zwischen städtischen und ländlichen Werten auf, sobald die Frage nach der Gleichheit der Lebensverhältnisse zur Diskussion steht. Die letzten konsequenten politischen Schritte zu einer urban orientierten Standortentwicklungspolitik und Raumentwicklungspolitik für das ganze Land werden gescheut. Während viele europäische Länder sich dorthin aufgemacht haben, nimmt der Schweiz niemand diese Hausaufgabe ab.

Die kleine, offene Volkswirtschaft Schweiz kann auch in Zukunft nur ein Standort im internationalen Wettbewerb um Talente, Technologie und Aufmerksamkeit bleiben, wenn die Einbindung der Schweiz in die europäische Politik gelingt. Dazu ist ein dauerhafter und qualitativ anspruchsvoller Dialog zu entwickeln, der die öffentliche Administration, die Exekutivpolitik, die Wirtschaftspartner sowie zivilgesellschaftliche Kräfte zusammenführt mit ihren ausländischen Erfahrungsträgern. Diesen Erfahrungsschatz hat die Schweiz bislang vermutlich mit tief greifenden Folgen ausser Acht und unausgeschöpft gelassen. Die Debatte über die Wahrnehmung und die Rolle von Wissensökonomie und Metropolregionen gibt dem Land die Gelegenheit, seine Raumentwicklungspolitik auf ein neues Dreibein aus Raumplanung, Regionalpolitik sowie international ausgerichteter Standortentwicklungspolitik zu stellen.

Politisch-administrative Strukturen für die Metropolregion Nordschweiz sind in der politischen Arena zu diskutieren. Die vorliegende Arbeit hat Ansätze dazu bewusst ergebnisoffen diskutiert. Angesichts des weiter wachsenden Problemdruckes und der räumlichen Reichweiten anstehender Fragestellungen werden Entscheidungsträger mittel- und langfristig die Planungs- und Organisationsräume entwickeln. Dies kann umso eher gelingen, wenn dazu experimentell angelegte Prozesse – wie jener der Agglomerations-Modellvorhaben, jedoch mit grösserer politischer und finanzieller Unterstützung und erweitert auf Metropolregionen – die Richtung für eine erneuerte territoriale Organisation des Landes weisen. Viele der raumprägenden Akteure spüren, dass diese Zeit gekommen ist – doch ist sie schon reif?

Die Autoren

Alain Thierstein, Dr. oec. HSG, (1957), Studium der Wirtschaftswissenschaften und Doktoratsstudium an der Universität St. Gallen, 1987–1992 wissenschaftlicher Mitarbeiter am Schweizerischen Institut für Aussenwirtschafts-, Struktur- und Regionalforschung (SIASR-HSG). 1993–1997 Dozent für Regionalökonomie und Leiter der Abteilung Regionalforschung am SIASR-HSG. 1998–2000 Direktor und Mitglied der Geschäftsleitung am Institut für Öffentliche Dienstleistungen und Tourismus (IDT) an der Universität St. Gallen. 2000–2005 Assistenzprofessor für Raumordnung am Institut für Raum- und Landschaftsentwicklung (IRL) der ETH Zürich. Ab 2005 bei Ernst Basler + Partner AG als Leiter des Tätigkeitsfeldes «Stadt- und Regionalwirtschaft». Seit Anfang 2005 ordentlicher Professor für Raumentwicklung in der Fakultät Architektur der Technischen Universität München.

Arbeitsschwerpunkte: Regional- und Stadtentwicklung, insbesondere wissensbasierte Unternehmenstätigkeiten, Metropolitan- und Raumentwicklungspolitik, Innovationspolitik und Raumentwicklung, Regionale Nachhaltigkeit sowie Evaluation von Politikmassnahmen.

Christian Kruse, Dr. sc. ETH (1970) ist Oberassistent am Institut für schweizerisches Bankwesen der Universität Zürich. Derzeit leitet er ein interdisziplinäres Forschungsprojekt zur systematischen Analyse des Finanzplatzes Schweiz. Christian Kruse studierte an der Johann Wolfgang Goethe Universität Frankfurt am Main Geografie mit dem Schwerpunkt regionalökonomischer und regionalpolitischer Fragestellungen sowie Kulturanthropologie und Pädagogik. Seit 1998 war er wissenschaftlicher Mitarbeiter an der Professur für Raumordnung am Institut für Raum- und Landschaftsentwicklung der ETH Zürich. Dort konzentrierte er sich auf die Erforschung Europäischer Metropolregionen und die Rolle wissensintensiver urbaner Ökonomien. Im Zentrum stand hierbei die Analyse des Finanzplatzes Schweiz, der Rolle tertiärer Aus- und Weiterbildung im Finanzwesen, der Vernetzung der Kreativwirtschaft Zürich sowie der funktional-räumlichen Struktur der Europäischen Metropolregion Nordschweiz. Im Rahmen seiner wissenschaftlichen Tätigkeit an der ETH Zürich promovierte er über vernetzte Finanzintermediäre bei Börsengängen am Finanzplatz Schweiz.

Lars Glanzmann (1976), 1997–2003 Studium der Geografie an der Universität Zürich mit Schwerpunkt Wirtschaftsgeografie und Raumplanung. Seit 2003 tätig als wissenschaftlicher Mitarbeiter am Institut für Raum- und Landschaftsentwicklung der ETH Zürich. Forschungstätigkeit im Bereich wissensintensive Ökonomien und Entwicklung von Metropolregionen in der Schweiz und in Europa.

Simone Gabi (1969) ist seit 2002 wissenschaftliche Mitarbeiterin am Institut für Raum- und Landschaftsentwicklung der ETH Zürich. Forschungs- und Beratungstätigkeit in Agglomerationspolitik, Regionalentwicklungspolitik, Strategische Freiraumentwicklung. Nachdiplomstudium in Raumplanung von 2001 bis 2003. 1998–2001 Seminarleiterin am Umweltinstitut Offenbach am Main und Partnerin des Büros «tresurban – Büro für Stadtplanung und Kommunikation» in Frankfurt am Main. 1992–2000 Studium der Geografie mit Schwerpunkt Stadt- und Regionalplanung an der J. W. Goethe Universität Frankfurt am Main und am Hunter College der City University of New York.

Nathalie Grillon (1973), 1992–1999 Studium der Geografie an der Universität Basel mit Schwerpunkt Stadtgeografie und Raumplanung. 1999–2001 Assistentin der Institutsleitung am Europainstitut der Universität Basel, danach bis 2004 am Institut für Orts-, Regional- und Landesplanung der ETH Zürich in der Nachdiplomausbildung Raumplanung. Forschungstätigkeit zur Entwicklung von Metropolregionen in der Schweiz und in Europa. Seit 2004 wissenschaftliche Mitarbeiterin und Projektleiterin am Statistischen Amt des Kantons Basel-Stadt.

Literatur

Amt für Raumplanung Graubünden (2003): Richtplan Graubünden. http://www.richtplan.gr.ch. Chur.

Aydalot; P. (1988): Technological Trajectories and Regional Innovation in Europe. In Aydalot, P. and Keeble, D.:High Technology Industry and Innovative Environments. The European Experience. Routledge. London.

Baccini, P; Oswald, F. (Hg.) (2003): Netzstadt. Einführung zum Stadtentwerfen. Zürich.

Bassand, M.; Poschet, L.; Wust, S. (2003): Metropole Lémanique. La metropolisation de l'arc lémanique, in: Stadtland Schweiz. Untersuchungen und Fallstudien zur räumlichen Struktur und Entwicklung in der Schweiz. Birkhäuser. Basel: 117–152.

Beaverstock, J. V.; Smith, R. G.; Tylor, P. J. (1999): A Roster of World Cities. In: Cities, 16 (6). Elsevier. London, Amsterdam, New York: 445–458.

Behrendt, H.; Kruse, C. (2001): Die Europäische Metropolregion Zürich. Die Entstehung eines Subpolitischen Raumes. In: Geographica Helvetica, Heft 3. Verband Geographie Schweiz. Basel: 202–213.

Benz, A.; Fürst, D. (2002): Policy learning in regional networks. In: European Urban and Regional Studies 9: 21–35.

Blöchliger, H. (2005): Baustelle Föderalismus. Avenir Suisse (Hg.). Verlag Neue Zürcher Zeitung. Zürich.

Blotevogel, H. H. (1998a): Metropolen als Motor der Raumentwicklung und als Gegenstand der Raumordnungspolitik. In: Forschungs- und Sitzungsberichte der Akademie für Raumforschung und Landesplanung 203: 62–70.

Blotevogel, H. H. (1998b): Europäische Metropolregion Rhein-Ruhr. Theoretische, empirische und politische Perspektiven eines neuen raumordnungspolitischen Konzepts. Institut für Landes- und Stadtentwicklungsforschung 135. Dortmund.

Blotevogel, H. H. (2001): Die Metropolregionen in der Raumordnungspolitik Deutschlands. Ein neues strategisches Raumbild? In: Geographica Helvetica, Heft 3. Verband Geographie Schweiz. Basel.

Bryson, J. R. (Hg.) (2000): Knowledge, Space, Economy. London and New York.

Bundesamt für Raumentwicklung (2000): Hohe Infrastrukturkosten durch die Zersiedlung. In: Dossier 4/00. Bern.

Bundesamt für Raumentwicklung (2002): Modellvorhaben. Ziele und Kriterien für die erste Phase 2002 bis ca. 2004. Arbeitsunterlagen. Bern.

Bundesamt für Raumentwicklung (2003): Monitoring urbaner Raum. Themenkreis A1. Entwicklung der Schweizer Städte und Agglomerationen. Synthese-Dokument Version 01.03. Bern.

Bundesamt für Raumentwicklung (2004): Monitoring urbaner Raum. Themenkreis B3. Metropolitanräume, Version 01.04. Bern.

Bundesamt für Raumentwicklung (2005): Raumentwicklungsbericht. Bern.

Bundesamt für Raumentwicklung und Bundesamt für Statistik (2001): Mobilität in der Schweiz. Ergebnisse des Mikrozensus 2000 zum Verkehrsverhalten. Bern und Neuenburg.

Bundesamt für Raumplanung (1996): Grundzüge der Raumordnung Schweiz. Bern.

Bundesamt für Statistik (1990): Eidgenössische Volkszählung 1990. Bern und Neuenburg.

Bundesamt für Statistik (2000): Eidgenössische Volkszählung 2000. Bern und Neuenburg.

Bundesamt für Statistik (2004): Pendlermobilität in der Schweiz. Neuenburg.

Bundesamt für Statistik (BFS) (2003): Betriebzählungen 1985 – 2001. Elektronischer Datensatz. Bern.

Bundesamt für Statistik (Hrsg.) (1999): Die Grossregionen der Schweiz. Neuenburg.

Bundesrat (1999): Bericht über die Kernstädte vom 7. Juni 1999. Bern.

Bundesrat (2001): Agglomerationspolitik des Bundes. Bern.

Bundesrat (2005): Botschaft über die Neue Regionalpolitik. Verabschiedet am 16.11.2005. Bern.

Bundesverfassung der Schweizerischen Eidgenossenschaft. Angenommen in der Volksabstimmung vom 18. April 1999. Bern.

Camagni, R. (2001): The Economic Role and Spatial Contradictions of Global City-Regions: The Functional, Cognitive, and Evolutionary Context. In: Scott, A. J. (Hg.): Global City-Regions. Trends, Theory, Policy. Oxford University Press. New York: 96–118.

Cappellin, R. (1998): The Transformation of Local Production Systems: International Networking and Territorial Competitiveness. In: Steiner, M. (Hg.): From agglomeration economies to innovative clusters. Pion. London: 57–80.

Castells, M. (1999): Space flow. Der Raum der Ströme. In: Bollmann, S. (Hg.): Kursbuch Stadt. Stadtleben und Stadtkultur an der Jahrtausendwende. Stuttgart.

CEC – Commission of the European Communities (1999): ESDP. European Spatial Development Perspective. Towards Balanced and Sustainable Development of the Territory of the EU. Approved by the Informal Council of the Ministers responsible for Regional/ Spatial Planning of the European Union. European Communities. Luxemburg.

Coffey, W. J; Drolet, R.; Polèse, M. (1996): The intrametropolitan location of high order services. Patterns and mobility in Montreal. In: Papers in regional science, 75, 3. Illinois: 293–323.

Corpataux, J.; Crevoisier, O.; Thierstein, A. (2001): Taux de change et régions: un cadre conceptuel pour anticiper l'Euro. In: Révue d'Economie Régionale et Urbaine (RERU). 5. ADICUEER. Poitiers: 691–710.

Crevoisier, O.; Corpataux, J.; Thierstein, A. (2001): Intégration monétaire et régions: des gagnants et des perdants. L'Harmattan. Paris.

Davoudi, S. (2003): Polycentricity in European Spatial Planning. From an Analytical Tool to a Normative Agenda. European Planning Studies, Vol. 11, No. 8. Abingdon: 979–999.

Dear, M.J. (2000): The Postmodern Urban Condition. Malden. Oxford.

Dielemann, F. M. & A. Faludi (1998): Randstad, Rhine-Ruhr and Flemish Diamond as One Polynucleated Macro-region? In: Tijdschrift voor Economische en Sociale Geografie 89.3. Utrecht: 320–327.

Diener, R.; Herzog, J.; Meili, M.; de Meuron, P.; Schmid, C. (2005): Die Schweiz. Ein städtebauliches Porträt. Birkhäuser. Basel.

Dümmler, P. (2006): Wissensbasierte Cluster in der Schweiz: Realität oder Fiktion? Das Beispiel der Medizinaltechnikbranche. Dissertation an der ETH Zürich. Haupt. Bern.

Dümmler, P.; Abegg, C.; Kruse, C.; Thierstein, A. (2004): Standorte der innovativen Schweiz. Räumliche Veränderungsprozesse von High-Tech und Finanzdienstleistungen. Statistik der Schweiz. Analysen zur Betriebszählung 2001. Neuchâtel.

Dunning, J. H. (2000): Regions, Globalisation, and the Knowledge Economy. The Issues Stated. Oxford University Press. Oxford.

Eidgenössisches Volkswirtschaftsdepartement (2004): Neue Regionalpolitik (NRP). Bundesgesetz über Regionalpolitik und erläuternder Bericht für die Vernehmlassung. Bern.

Eisinger, A.; Schneider, M. (Hg.) (2003): Stadtland Schweiz. Untersuchungen und Fallstudien zur räumlichen Struktur und Entwicklung in der Schweiz. Birkhäuser. Basel.

Eisinger, A. (2003): Einleitung. In: Eisinger, A. (Hg.); Schneider, M. (Hg.): Stadtland Schweiz. Untersuchungen und Fallstudien zur räumlichen Struktur und Entwicklung in der Schweiz. Birkhäuser. Basel: 6–19.

Eliasson, G. (1999): Firm Objectives, Controls and Organization: The Use of Information and the Transfer of Knowledge within the Firm. Dordrecht.

Eliasson, G. (2000): The Theory of the Firm, and the Theory of Economc Growth. In: Magnusson, Lars (edt) (2000): Evolutionary amd Neo-Schumpetrian Approaches to Economics. Borston, Drodrecht and London: 173–202.

Europäische Kommission (Hg.) (1999): EUREK Europäisches Raumentwicklungskonzept. Luxemburg.

European Metropolitan Regions Project (1999): Strategies for Sustainable Development of European Metropolitan Regions. Evaluation Report. Submitted to the European Regional Conference «European Metropolitan Regions», 15.–17. September 1999. Essen.

European Spatial Planning Observation Network (ESPON) (2004): ESPON 1.1.1. Potentials for polycentric development in Europe. Final Report. Luxemburg.

Florida, R.; Kenney, M. (1990): Silicon Valley and Route 128 won`t save us. In: California Management Review. Vol. 33, No. 1. Guildford: 68–88.

Foray, D.; Lundvall, B. A. (1996): The knowledge-based economy. From economics of knowledge to the learning economy. In: OECD (Hg.): Employment and Growth in the Knowledge-based economy. Paris: 11–32.

Frey, B. S. (1997): Ein neuer Föderalismus für Europa: Die Idee der FOCJ: Beiträge zur Ordnungstheorie und Ordnungspolitik 151. Tübingen.

Frey, R. L.; Zimmermann, H. (2005): Neue Rahmenbedingungen für die Raumordnung als Chance für marktwirtschaftliche Instrumente. In: DISP 161. ETH Zürich. Zürich: 5–18.

Friedmann, J. (2001): Intercity Networks in a Globalizing Era. In: Scott, A. J. (Hg.): Global City-Regions. Trends, Theory, Policy. Oxford University Press. New York: 119–138.

GEMACA (Group for European Metropolitan Areas Comparative Analysis) (1996): North-West European Metropolitan Regions. IAURIF. Paris.

Goodman, J. (1998): Die Europäische Union. Neue Demokratieformen jenseits des Nationalstaats. In: Beck, U. (Hg.) 1998: Politik der Globalisierung. Frankfurt am Main: 331–419.

Halbert, L. (2004): Densité, Deserrement, Polycentrisme et Transformation Économique des Aires Métropolitaines. Thèse pour Obtention du Grade de Docteur en Géographie de l'Université Paris-I. Paris.

Hall, P. (2001): Global City-Regions in the Twenty-first Century. In: Scott, A. J. (Hg.): Global City-Regions. Trends, Theory, Policy. Oxford University Press. New York: 59–77.

Hall, P.; Pain, K. (Hg.) (2006): The Polycentric Metropolis. Learning from Mega-City-Regions in Europe. Earthscan. London. (erscheint im Frühjahr 2006)

Hall, P. und Pain, K. (2004) Polynet Regional Report Summary, Polynet INTERREG III B Action 1.

Hermann, M.; Heye, C.; Leuthold H. (2005): Schlussbericht zum Teilprojekt im Rahmen des Polynet-Projektes am NSL der ETHZ. Pendelmuster der Beschäftigten in Advanced Producer Services (APS) und High-Tech-Branchen. Unveröffentlicht. Zürich.

Hitz, H.; Keil, R.; Lehrer, U.; Ronneberger, K.; Schmid, C.; Wolff , R. (1995): Capitales Fatales. Urbanisierung und Politik in den Finanzmetropolen Frankfurt und Zürich. Rotpunkt. Zürich.

Howells, J. (2000): Knowledge, innovation and location. In: Bryson, J. R.; Daniels, P. W.; Henry, N.; Pollard, J.: Knowledge, Space, Economy. London, New York.

Keeble, D.; Lawson, C.; Moore, B.; Wilkinson, F. (1999): Collective Learning Processes, Networking and «Institutional Thickness» in the Cambridge Region. In: Regional Studies. Vol. 33, No. 4. Carfax Publishing. Abingdon: 319–332.

Konferenz Kantonaler Volkswirtschaftsdirektoren (2005): Medienmitteilung zur Neuen Regionalpolitik, 30. Juni 2005. Bern.

Kübler, D.; Schenkel, W.; Leresche, J. (2003): Bright ligths, big cities? Metropolization, intergovernmental relations, and the new Federal urban policy in Switzerland. In: Swiss Political Science Review 9(1). Bern: 261–282.

Kruse, C. (2005): Börsengänge in der Schweiz. Vernetzte Finanzintermediäre als Erfolgs- oder Risikofaktor für Börsenunternehmen? Dissertation an der ETH Zürich. Zürich.

Lasuén, J. R (1973): Urbanisation and Development. The temporal Interaction between Geographical and Sectoral Clusters. In: Urban Studies vol. 10. Routledge/Taylor and Francis. London: 163–188.

Loderer, B. (2003): Das Hüsli: Der Untergang des Landes. In: Hochparterre 9 (16). Zürich: 14–20.

Loderer, B.; Gantenbein, K. (2005): Das neue Schweizerbild. In: Hochparterre 10 (18). Zürich: 16–24.

Lundvall, B. A.; Johnson, B. (1992): The learning economy. Journal of Industry Studies (Vol. 1): 23–42.

Maillat, D. (1995): Territorial dynamic, innovative milieus and regional policy. In: Entrepreneurship and regional development. 7. Taylor & Francis. London: 157–165.

Malecki, E. J. (2000): Technology and regional development. A survey. In: International Regional Science Review. Vol. 8. Sage Periodical Press. Thousand Oaks: 89–125.

Nelson, R. R.; Winter, S. G. (1982): An Evolutionary Theory of Economic Change. Belknap Press. Cambridge, London.

Novitats vom 26. August 2005: Der erste und grösste Naturpark der Schweiz. Lenzerheide: 2–9.

OECD (2001): Cities for Citizens. Improving Metropolitan Governance. Paris.

OECD (2002): Territorial Reviews. Switzerland. Paris.

OECD (2000): Cities for Citizens. Improving Metropolitan Governance. Working Party on Territorial Policy in Urban Areas. Report DT/TDPC/URB(2000)4. Paris.

Ohmae, K. (2001): How to Invite Prosperity from the Global Economy Into a Region. In: Scott, A. J. (Hg.): Global City-Regions. Trends, Theory, Policy. Oxford University Press. New York: 33–43.

Ossenbrügge, J. (2001): Regionale Innovationssysteme. Evolution und Steuerung geographischer Formen der wissensbasierten Wirtschaft. In: Schwinges, R. C.; Messerli, P.; Münger, T. (Hg.): Innovationsräume. Woher das Neue kommt – in Vergangenheit und Gegenwart. vdf-Verlag. Zürich: 85–102.

Polanyi, M. (1958): The Great Transformation. The political and economic origins of our time. Boston.

Polanyi, M. (1967): The tacit dimension. Routledge & Kegan Paul: London.

Pyke, F.; Becattini, G.; Sengenberger, W. (Hg.) (1990): Industrial districts and inter-firm co-operation in Italy. International Institute for Labour Studies. Geneva.
Regierungsrat des Kantons Aargau (2005): Kanton Aargau. Standort in Bewegung. Aarau.

Rellstab, U. (2004): Die Schweiz muss neu eingeteilt werden. Verein Metropole Schweiz. Zürich.

Rüegg-Stürm, J. (2002): Das neue St. Galler Management-Modell. Haupt. Bern.

Sassen, S. (1991): The Global City: New York, London, Tokyo. Princeton. New Jersey.

Sassen, S. (1999): Global Financial Centers. In: Foreign Affairs 78. Council on Foreign Relations Inc. New York: 75–87.

Sassen, S. (2001): Global Cities and Global City-Regions. A Comparison. In: Scott, A. J. (hrsg.): Global City-Regions. Trends, Theory, Policy. Oxford University Press. New York: 78–95.

Saxenian, A.L. (1990): Regional Networks and the Resurgence of Silicon Valley. In: California Management Review. Vol. 33. No. 1. Guildford: 89–112.

Schwaninger, M. (1997): Reflexion über Veränderungsprozesse aus der Managementperspektive. In: Thierstein, A.; Walker, D.; Behrendt, H.; Egger, U. K. Tatort Region. Veränderungsmanagement in der Regional- und Gemeindeentwicklung. Nomos. Baden-Baden: 83–104.

Scott, A. (Hrsg.) 2001: Global-City-Regions: Trends, Theory, Policy. Oxford University Press. Oxford.

Soja, E. W. (2000): Postmetropolis. Critical Studies of Cities and Regions. Malden. Oxford, Malden.

Stöhr, Walter B. (1986): Regional Innovation complexes. In: Papers of the Regional Science Association 59. ERSA. Wien: 29–44.

Storper, M. (1997): The Regional World. Territorial Development in a Global Economy. Guilford Press. New York und London.

Tages-Anzeiger vom 27. Februar 2003: Die Karte im Kopf der Schweizer verändern. Zürich: 59.

Taylor, P. J.; Catalano, G.; Walker, D. R. F. (2002): Measurement of the world city network. Urban Studies vol. 39. Routledge/Taylor and Francis. London: 2367–76.

Taylor, P. J. (2005): Leading World Cities: Empirical Evaluations of Urban Nodes in Multiple Networks, in: Urban Studies, Vol. 42. Routledge/Taylor and Francis. London: 1593–1608.

Thierstein, A.; Abegg, C.; Pfister Giauque, B.; Rey, M.; Natrup, W.; Thoma, M. (2004): Liberalisierung öffentlicher Dienstleistungen. Auswirkungen auf die Wettbewerbsfähigkeit der Unternehmen im Schweizer Berggebiet. Haupt. Bern.

Thierstein, A.; Boulianne, L.; Gabi, S.; Reinhard, M. (2004): Die Modellvorhaben der Agglomerationspolitik: Auswirkungen auf die wirtschaftliche Entwicklung. Wirkungsabschätzung von neun Agglomerations-Modellvorhaben. Zürich und Lausanne.

Thierstein, A.; Gabi, S. (2004): When Creativity Meets Metropolitan Governance. In: DISP 158. ETH Zürich. Zürich: 34–40.

Thierstein, A.; Held, T.; Gabi, S. (2003): Stadt der Regionen. Die Glattal-Stadt als Raum vielschichtiger Handlungsebenen braucht institutionelle Reformen. In: Schneider, M.; Eisinger, A.: Stadtland Schweiz. Untersuchungen und Fallstudien zur räumlichen Struktur und Entwicklung in der Schweiz. Birkhäuser. Basel: 273–306.

Thierstein, A.; Schuler, M.; Wachter, D. (Hg.) (2000): Grossregionen. Wunschvorstellung oder Lösungsansatz? Haupt. Bern.

Thierstein, A.; Dümmler, P.; Kruse, C. (2003): Die europäische Metropolregion Zürich. Zu gross um wahr zu sein? In: DISP 152. ETH Zürich: 87–94.

Tripartite Agglomerationskonferenz (Hg.) (2004): Horizontale und vertikale Zusammenarbeit in der Agglomeration. Bern.

Urban Studies 2001: Special Issue: Polycentric Urban Regions. Vol. 38.4. Routledge/Taylor and Francis. London.

Vernon, R. (1966): International Investment and International Trade in the Product Cycle. In: The quarterly journal of economics. LXXX, 2. Wiley. New York: 190–207.

Wirtschaftsförderung Kanton Schaffhausen (o.J.): Schaffhausen. Der attraktive Unternehmensstandort im Zentrum Europas. http:// www.economy.sh.ch

Wirtschaftsförderung Thurgau (o.J.): Willkommen im Thurgau. http:// www.wifoe.tg.ch

Impressum

Autoren
Alain Thierstein
Christian Kruse
Lars Glanzmann
Simone Gabi
Nathalie Grillon

Fotografie
Katrin Ritz

Umschlaggestaltung
Beatrix Bencseky

Gestaltung/Satz
Mihály Varga
Pascale Osterwalder
Nora Vögeli

Grafisches Konzept
Manfred Willuweit